Willi Ederle

Das Grundschultanzbuch

Tänze anleiten und vermitteln
leicht gemacht

FIDULA

Inhalt

Vorwort

„Das Grundschultanzbuch" richtet sich an Pädagogen, die Kindern aus Vorschule, Grund- und Förderschule Spaß an Musik, Bewegung und Tanz vermitteln möchten. Es enthält moderne Tänze zu Popmusik, überlieferte Folkloretänze, ruhige meditative Tänze, Singtänze sowie Tänze mit Klatschelementen. Bei den Poptiteln wurden Originalversionen mit englischsprachigen Texten, wie sie die Kinder tagtäglich im Radio hören, verwendet. Die Tänze und Geschichten, die dazu entstanden sind, gehen jedoch nicht so sehr von den Liedtexten aus, sondern versuchen, die Stimmung und Atmosphäre der Musik visuell zu übertragen.

Nicht nur die Tanzgruppe, sondern auch der Tanzleiter soll mit diesem Buch zum Lernen ermuntert werden. So wachsen beide gemeinsam durch ihre Aufgaben. Dabei kommen pädagogische Hilfen wie die Scheibchen-, Verlangsamungs- und Verdopplungsmethode (s. S. 10 f.) sowie bildhaft erzählte Geschichten zum Einsatz. Vermittelt werden Tänze mit unterschiedlichen Aufstellungen, mit und ohne Partner. Wenn in den Tanzbeschreibungen von „Paaren" die Rede ist, sind alle Möglichkeiten einer Zweiergruppe denkbar: Junge und Mädchen, Junge und Junge oder Mädchen und Mädchen. Meist sind keine oder nur einfache Fassungen zu Partnern nötig. Dabei kommen Geh-, Seit-, Wiege-, Tipp- und Wechselhupfschritte vor. Zusätzlich wird Vorwärts-und-rückwärts-Gehen, Drehen im und gegen den Uhrzeigersinn sowie Unterscheiden von rechts und links vermittelt. Es werden gesprochene oder gesungene Ansagen zu Bewegungsabläufen angeführt. Ergänzt werden diese Tänze durch Ideen zum fächerübergreifenden Unterricht.

Der Tanzleiter muss nun den Mut haben, die Musikstücke mit überwiegend einfachen Strukturen umzusetzen und die Kinder dazu anzuregen, sich nach bestimmten Vorgaben zu bewegen. Die frei werdenden Energien müssen dann kanalisiert, gebündelt, in Form gebracht werden. Dabei darf er Kreativität zulassen und fördern, neue Bewegungsmöglichkeiten aufzeigen, und am Ende steht dann ein Tanz oder ein Bewegungserlebnis.

Obwohl überwiegend Frauen im Schul- und Lehrbereich tätig sind, habe ich im Buch aus praktischen Gründen die Anrede „Tanzleiter" (TL) gewählt. Nun wünsche ich, dass auch möglichst viele männliche Lehrkräfte Mut fassen, mit Kindern zu tanzen, es dabei schaffen, diese zu begeistern und so vielen Jungs ein Vorbild werden.

Ich wünsche viel Spaß und Erfolg beim Tanzen!

Ihr Willi Ederle

Danken möchte ich Katharina, Maria und Georg Holzmeister, Frau Barbara Glowatzki, Herrn Enrico Ehlers für die tatkräftige Unterstützung bei der Entstehung und Gestaltung des Buches, Frau Berg-Magnus von der Michael-Thonet-Schule in Boppard für das Tanzprojekt an ihrer Schule. Ganz besonders bedanke ich mich bei meiner Frau Marianne Altstetter-Ederle für ihre fachliche Unterstützung. Des Weiteren bei allen Tanzkolleginnen und -kollegen, besonders bei Dr. Anna Grabner, Corinna Burtscher und Gertraud Wutte.

Rahmenbedingungen

Egal welche Rahmenbedingungen Sie zum Tanzen vorfinden: Machen Sie das Beste daraus! Je nach Tanz und Thema können diese Bedingungen ein Vor- oder Nachteil sein. Wenn die Rahmenbedingungen sinnvolles Tanzen verhindern, ändern oder verbessern Sie diese.

Tanzen wird beeinflusst von folgenden Rahmenbedingungen:

Raum

Turnhallen bieten Platz für viele Teilnehmer, besitzen Linien und Markierungen, die Sie nutzen können, haben aber meist wenig Atmosphäre. Gymnastikräume sind oft niedrig, kalt und mit weichem Boden. Die Schulaula liegt zentral, aber Tanzstunden stören benachbarte Klassen beim Lernen. Säulen, Stufen, Kanten, Absätze, Geländer bergen manchmal erhebliche Verletzungsgefahren. Klassenzimmer sind in der Regel nicht zum Tanzen geeignet. Tanzen im Freien bietet eine schöne Umgebung in der Natur, Frischluft und Licht, macht aber wetterabhängig. Die Tanzfläche ist nur schwer klar abzugrenzen und uneben. Vorbeikommende Zuschauer und Nebengeräusche lenken ab.

Tanzfläche

Die Größe der Tanzfläche sollte an die Gruppengröße und das Thema angepasst sein.
Eine zu große Tanzfläche bietet mehr Bewegungsfreiheit, verleitet die Teilnehmer aber dazu, themenfremde Dinge zu tun, sich auszutoben.
Eine zu kleine Tanzfläche grenzt die Möglichkeiten ein, führt unter Umständen zu Aggressionen.

Raumgestaltung

Dekorationen in der Raummitte, im Zentrum der Tanzfläche aufgebaut, oder an den Wänden werten einen Raum angenehm auf und tragen zu einer positiven Stimmung bei.

Raumklima

Beim Tanzen sollte auf eine angenehme Raumtemperatur, ausreichend Licht, Schatten, vor allem aber auf frische Luft geachtet werden.

Akustik

Die Musik sollte möglichst leise sein, damit niemand einen Gehörschaden davonträgt. Schulen Sie die Tanzenden von Anfang an darin, bewusst auf die Musik zu hören.

Abspielgerät

Das Abspielgerät sollte robust und einfach zu bedienen sein. Wenn Sie mit Kindern, Senioren und Behinderten tanzen, ist eine Temporegulierung von Vorteil. Diese ermöglicht Ihnen, schnelle Tänze langsamer einzustudieren und zu tanzen (Internetsuche unter dem Stichwort „geschwindigkeitsregelbare Musikanlagen"). Ein Anschluss für einen Kopfhörer oder ein Line-Ausgang sollte vorhanden sein, um eine Verbindung zu Verstärkern und Hallenanlagen herstellen zu können. Vorteilhaft ist eine Fernbedienung, die es Ihnen ermöglicht, Funktionen für Start, Stopp, Pause oder Lautstärke von der Tanzfläche aus zu bedienen. Sie sparen Zeit und Wege.

Mikrophon oder Headset

Ab Gruppengrößen von 30 Kindern sollten Sie ein Mikrophon oder Headset benützen, denn der Grundgeräuschpegel wird so hoch, dass laut gesprochene Ansagen die Stimmbänder belasten. Sie sollten nach 45 Minuten Tanzunterricht nicht heiser sein.

Zielgruppe

Passen Sie Ihre Themen und Tänze an Ihre Zielgruppe an.

Gruppenstärke

Kleine Gruppen sind leichter zu führen und überschaubarer als große Gruppen, die mehr Aufmerksamkeit erfordern und eine andere Gruppendynamik und Stimmung aufweisen.

Kleidung

Spezielle Kleidung ist für die Tänze nicht notwendig, freies und ungezwungenes Bewegen sollte möglich sein.

Schuhe

Tanzschuhe mit glatten Sohlen sind für Kinder beim Tanzen im Rahmen des Unterrichtes nicht nötig. Turnschuhe haben meist profilierte Sohlen, die drehende Bewegungen und Schritte nur erschwert zulassen. Dicke Socken bieten sich bei

gleitenden, drehenden, rutschenden Bewegungen an. Barfuss tanzen im nassen Gras, auf einem Stoppelfeld oder kaltem Betonboden bietet vielleicht ganz neue Erfahrungen.

Tanzzubehör

Tücher, Bänder, Schirme, Verkleidungen usw. können die Möglichkeiten beim Tanzen sowohl erweitern als auch einengen, fordern zusätzlich die Sinne beim Tragen, Balancieren, Heben, Schwingen, sie lenken von Ängsten und Blockaden ab und fördern die Kreativität.

Grundsätzliches zur Tanzvermittlung

Tänze zu vermitteln kann man nicht ausschließlich aus Büchern lernen, hier gilt vor allem: „Learning by doing". Sie müssen Ihre Erfahrungen selber machen, sich Konzepte überlegen und einen eigenen Stil für das Vermitteln von Tänzen und das Leiten von Gruppen finden. Entscheidend ist das Ergebnis, das am Ende der Tanzstunde oder des gewählten Zeitrahmens zustandegekommen ist.

Tänze vorbereiten

Tanzbeschreibungen lesen und sich einprägen

Sie sollten sich die Tänze im Kopf vorstellen können und diese auswendig beherrschen.
Bereiten Sie sie deshalb rechtzeitig ohne Zeitdruck vor.

- Musik von der CD abhören, Strukturen erkennen und mit den Tanzbeschreibungen vergleichen.
- Teilen Sie den Tanz in Abschnitte auf, die Sie scheibchenweise ausprobieren und erlernen.
- Überdenken Sie jedes Detail, machen Sie sich diese Details bewusst.
- Wenn die Melodie des Tanzes zum Singen geeignet ist, benötigen Sie nicht unbedingt ein Abspielgerät, um die Tänze vorzubereiten und vermitteln zu können.
- Ergänzen Sie die Tanzbeschreibung. Noch besser: Schreiben Sie für jeden Tanz eine eigene Tanzbeschreibung, in Ihren Worten, mit Skizzen und Hinweisen.

Vermittlungsmethoden anwenden

Bringen Sie Ihrer Gruppe Tänze durch unterschiedliche Vermittlungsmethoden bei, z. B. indem Sie seitenverkehrt vorführen und gleichzeitig Ansagen aus der Tanzgruppenperspektive sprechen lernen. Üben Sie dies schon vorher in Ihrer Vorbereitungszeit.

Musik abhören

Sich bewusst werden über:

- ☪ Klangeindruck (fröhlich, traurig, feurig, mitreißend, schwingend, geheimnisvoll, schwer, leicht ...)
- ☪ Instrumentierung (Blas-, Zupf-, Streich-, Tasten-, Schlag- und elektronische Instrumente ...)
- ☪ Tempo (langsam, schnell, nach und nach schneller oder langsamer werdend ...)
- ☪ Rhythmus (einfach, klar, undurchsichtig, kompliziert, beruhigend, aufpeitschend ...)
- ☪ Dynamik (sehr leise, leise, laut, sehr laut, sich steigernd oder abfallend ...)
- ☪ Struktur (hörbare Musikabschnitte, Melodiebögen ...)
- ☪ Besonderheiten (Pausen, Tempounterschiede, rhythmische Unterschiede ...)

Erkennen und nutzen Sie diese Merkmale und Besonderheiten, um sich die Tänze einzuprägen und zu vermitteln.

Musikstrukturen erkennen

Bei Folkloremusik sind meist klare Strukturen wie Einleitung oder Vorspiel, unterschiedliche Musikteile, manchmal auch Zwischenteile zu hören, oft gleichen sich Melodie und Tanzstruktur im Ablauf, sind konform.

Bei neuer Musik (z. B. Popmusik) sind ähnliche Strukturen erkennbar, diese sind aber meist komplizierter im Aufbau. Dadurch sind sie schwerer nachvollziehbar und für Anfänger oft nicht in ein Ablaufschema zu bringen, welches mit dem Tanz übereinstimmt. Für TL und Gruppen mit Erfahrung sind solche Musikstücke aber wiederum eine Herausforderung, selber Tänze zu schaffen, bei denen die Abfolge der Bewegungen unabhängig zur Musik verläuft.

Tänze vermitteln

Es gibt viele Methoden und Wege, um Tänze zu vermitteln. Sie müssen Ihr Ziel genau im Auge behalten und den Weg dorthin eventuell in mehrere Tanzeinheiten gliedern, um es zu erreichen.

Unterrichtsdauer

Die Dauer der Tanzeinheiten sollte an das Alter der Zielgruppe angepasst sein.
Einzelne Tänze nicht länger als 30 Minuten üben.

Unterrichtsinhalte

Bereits bekannte Tänze sollten erst wiederholt, dann erweitert, eventuell auch mit Zubehör gestaltet werden. Nicht zu viele neue Tänze in einer Stunde einstudieren. Weniger ist meist mehr.

Unterrichtsziel

Am Ende jeder Tanzstunde sollte ein erkennbares, nachvollziehbares Ergebnis stehen, wie z. B. genaueres Hören, exakteres Tanzen, freieres Bewegen, kreativere Ideen usw.

Regeln festlegen

Ich empfehle Ihnen für den Tanzunterricht zwei Regeln und ein Handzeichen:

1. **Mund zu, leise sein!** So hört man die Musik sowie die Ansagen und Hilfestellungen des TL besser.
   Nebeneffekt: Die Konzentration auf die Beine gelingt leichter.
2. **Augen auf,** damit man den Nachbarn nicht übersieht, diesen an- oder umrempelt und keine Unfälle passieren.
3. **Handzeichen:** Die erhobene geöffnete Hand (wie bei einem Verkehrspolizisten) bedeutet:
   Alle bleiben sofort stehen, werden leise, hören zu, was TL zu sagen hat. Danach können alle weitertanzen.

Wer diese Regeln nicht einhält, hat mit Konsequenzen zu rechnen. Diese müssen Sie kompromisslos durchsetzen.

Tänze vorführen, einstudieren, üben

- Menschen lernen über das Sehen, Hören und Selber-Erfahren.
- Vorführen ist besser als langes Erklären.
- Das Vermittlungstempo ist entscheidend für den Lernerfolg.
- Jeder Tanz sollte auch ohne Partner vorgeführt werden können.
- Tänze einerseits strikt lernen, andererseits kreativ erfahren.
- Kurze, prägnante Ansagen sprechen.
- Nehmen Sie sich nicht zu viel vor, dann haben Sie keinen Stress und keinen Zeitdruck.
- Mit einzelnen Tänzen nicht zu lange, lieber öfter beschäftigen.
- Nicht Tänze pauken, sondern Freude am Tanzen vermitteln und Lust auf mehr wecken.

„Übung macht den Meister" (bei Tanzlehrer und Tanzschüler).

➡ Wenn ein Tanz nicht funktioniert, ist der Tanzleiter schuld.

Entweder war der Tanz zu schwer oder der Vermittlungsweg falsch.

Falls sich etwas anders entwickelt, als Sie dies geplant hatten, gibt es zwei Möglichkeiten: Lassen Sie den Dingen ihren Lauf und ändern Sie Ihr Konzept oder Ihr Ziel – oder brechen Sie ab und geben eine neue Anweisung. Sprechen Sie nach gelungenen Tanzaktionen und Tanzstunden Lob und Anerkennung aus.

➡ Nach einer Tanzstunde sollte Ihre Stimme keine Verschleißerscheinungen aufweisen. Wenn doch, haben Sie etwas falsch gemacht.

Weitere Unterrichtseinheiten

Je länger eine Gruppe besteht, umso mehr Zeit sollten Sie für das Wiederholen aufwenden. Wenn es um kreatives Erfinden von Bewegungsmöglichkeiten, Tänzen und Tanzgestaltungen geht, lassen Sie den Kindern Freiraum. Wenn es um die Vermittlung von Neuem geht, sind Disziplin, Mut und Ausdauer wichtig. Dabei sollte aber nie der einzelne Mensch mit seinen persönlichen Voraussetzungen, Neigungen und Gefühlen außer Acht gelassen werden.

➡ Beim Tanzen mit Kindern und Jugendlichen sollte es kein „höher, schneller, weiter" geben, sondern lieber Spaß und Freude beim gemeinsamen Tanzen vermittelt werden.

Feedback

Fragen Sie die Kinder, was ihnen gut oder weniger gut gefallen hat und warum. So können Sie in der nächsten Tanzeinheit darauf eingehen oder Ihr Handeln begründen.

Nachlese

Führen Sie über Ihre Tanzstunden, die vermittelten Tänze, aufgetretene Probleme, schöne Erlebnisse und Begebenheiten ein Protokoll. Es hilft Ihnen, Ihr Tun zu optimieren und zu perfektionieren.

Auftritte

Falls Sie einmal eine Tanzgruppe gründen, sind motivierende Ziele wichtig. Dazu gehören auch Auftritte vor anderen Kindern und den Eltern. Wenn Tänze vor Publikum aufgeführt werden, dann sollten diese so gut wie möglich inszeniert sein.

- am eigenen Stil arbeiten
- Kurse besuchen, selber sehen, hören, erfahren; schlimmstenfalls erfahren Sie, wie es nicht gemacht werden sollte (man lernt auch aus Fehlern anderer).

Bedenken Sie bei Kursen:

- Welche Zielgruppe möchte der Kursleiter im Kurs ansprechen?
- Zu welchem Thema findet der Kurs statt?
- Seien Sie offen für fremde Konzepte.
- Fragen Sie bei Unklarheiten gleich nach.
- Machen Sie eigene Notizen.
- Geben Sie nach dem Kurs Lob und Verbesserungsvorschläge an den Kursleiter weiter.

Methoden der Tanzvermittlung

Zielgerichtet – kreativ

Die ausgeführten Tänze werden hauptsächlich zielgerichtet vermittelt. Das heißt, dass der Tanz am Ende eine bestimmte Form mit einem bestimmten Ablauf aufweist, der jederzeit wiederholbar ist. Darüber hinaus bieten die meisten Tänze Freiraum, um eigene kreative Ideen einzubinden. Sie als TL müssen entscheiden, ob ein Tanz am Ende einheitlich gleich, vielfältig und bunt oder beides gleichzeitig sein soll.

Welche Methoden bei welchen Tänzen zum Einsatz kommen, finden Sie bei jedem Tanz unter „Lernziel TL" oder in der Tabelle „Auf einen Blick" am Ende des Buches.

Vorführen – nachahmen

TL macht etwas vor, alle ahmen es in gleicher Weise nach.

Scheibchenmethode

Der Tanz wird in kleine Einheiten zerlegt und Teil für Teil, Schritt für Schritt, Figur für Figur vermittelt.

Vereinfachungsmethode

Der Tanz wird auf das Wesentliche reduziert, einfache Aufstellungen werden gewählt, schwierige Schrittkombinationen und Figurenelemente in der nächsten Unterrichtseinheit ergänzt oder ersetzt. Da letztlich die Scheibchen-, Verlangsamungs- und Verdopplungsmethode ebenfalls mit dem Prinzip der Vereinfachung arbeiten, wird in den Tanzbeschreibungen nur dort auf die „Vereinfachungsmethode" hingewiesen, wo sie eine eigenständige Funktion besitzt.

Verlangsamungsmethode

Jeder Mensch fasst Tänze unterschiedlich schnell auf. Im richtigen Lerntempo vermittelt, kann jeder Mensch (fast) alles lernen.

Verdopplungsmethode

Der Ablauf einer kurzen Schrittfolge wird verlängert, dann wird diese doppelt so lang. Dadurch verringert sich die Anzahl der Durchgänge.

Themen-Stichwort-Methode

Zu einem Thema wird gemeinsam eine Stoffsammlung erstellt: geschichtliches, kulturelles, biologisches, technisches, soziales, mathematisches, musikalisches u. a. Wissen besprochen und aufgezeigt, dann in Beziehung zum Tanz gebracht, zielgerichtet vermittelt oder selber kreativ erprobt.

Bilder-Geschichten-Methode

Zu einem Tanz wird eine Geschichte erfunden, erzählt und über phantasievolle Bilder in Bewegung umgesetzt.

Diese unterschiedlichen Methoden können nun verknüpft werden, dann bieten sich je nach Tanz, Zielgruppe, Rahmen und Situation vielerlei Wege, einen Tanz zu vermitteln.

Unterstützende Möglichkeiten bei der Tanzvermittlung

- Ansagen sprechen
- Ansagen singen

Zum Gebrauch des Buches

Die Tanzbeschreibungen sind so aufgebaut, dass erst die wichtigsten Informationen wie Merkmale des Tanzes, Musik- und Tanzstruktur und die Tanzbeschreibung kommen und anschließend weitere Informationen zum Tanz folgen.

Im Abschnitt „Vorgehensweise" wird Ihnen ein möglicher Weg erklärt, wie Sie erfolgreich diesen Tanz vermitteln können. Die Zwischenüberschriften sind Anhaltspunkte für den TL, um bei den vielen Details nicht den Überblick zu verlieren. Falls Sie als Tanzneuling danach vorgehen, können Sie sicher sein, dass Ihnen die Vermittlung des Tanzes gelingt.

Die ausgeführten Tänze sind, je nachdem ob Folkloretanz, Singtanz, moderner Tanz, meditativer Tanz, entsprechend ihren spezifischen Anforderungen mit Grafiken für Aufstellung, Fassung, Schrittdetails, Bewegungsrichtung (gegen den Uhrzeigersinn = g. U., im Uhrzeigersinn = i. U.) sowie unterschiedlichen Ergänzungen, Noten, Zählzeiten (ZZ), Schritt- oder Taktangaben versehen, damit TL gefordert ist, sich immer wieder neu mit den Dingen zu befassen. Dabei wurde dennoch auf praxisnahe Erklärungen ohne viele Fachbegriffe Wert gelegt.

Kursiv gedruckte Abschnitte sind wörtliche Reden, insbesondere gesprochene Ansagen, eigentlich Tanzkommandos. Einige dieser Kommandos entsprechen nicht immer einem „guten Deutsch". Tanzansagen müssen aber in einem bestimmten Zeitmaß gesprochen werden und sind deshalb ohne Satzbau und Grammatik zu sehen. Gerne dürfen Sie sich passende Ansagen überlegen, falls Sie sich daran stören.

Zusätzlich finden Sie bei jedem Tanz Themenstichwörter über Ansatzpunkte, die Tänze fächerübergreifend mit Begriffen aus der Mathematik, Physik, Tierkunde, Sprachkunde, Erdkunde, Sachkunde usw. in Beziehung zu bringen. Sicherlich finden Sie auch umgekehrt Berührungspunkte.

 Als Tipp:

Überlegen Sie, was Ihnen oder den Kindern zu diesen Themenstichworten einfällt oder suchen Sie einmal bei

      http://de.wikipedia.org

      http://de.wiktionary.org

      http://www.blinde-kuh.de

Noch besser, lassen Sie die Kinder selber Informationen beschaffen, über die Sie dann im Unterricht gemeinsam sprechen können.

Beispiel Stopptanz:

Stopp	engl. stop: halt, stehen bleiben
Stopp	bei Hund und Katze der Übergang von der Nasenwurzel zur Schädelbasis etwa in Höhe der Augen
Stopp	Kindermagazin
Stoppschild	Verkehrsschild
Figur	künstlerische Darstellung, fiktives Wesen, Körperbau, Spielstein, geometrisches Gebilde

Willi Ederle, Das Grundschultanzbuch © FIDULA

Mit welchen Tänzen beginnen?

Alle Tänze dieses Buches wurden von mir speziell für die Vorschule, Grund- und Förderschule ausgewählt, choreographiert und dazu ein möglicher Vermittlungsweg beschrieben.

Nachfolgend finden Sie Empfehlungen, mit welchen Tänzen ohne Vorkenntnisse des TL und der Gruppe begonnen werden kann. Diese stellen eine sinnvolle Reihenfolge für ein gemeinsames Wachsen von TL und Gruppe dar.

Im Anhang des Buches finden Sie eine Tabelle, die aufzeigt, welche Merkmale die einzelnen Tänze besitzen, durch welche Methoden und Wege die Tänze vermittelt werden, und weitere Angaben, die Ihnen helfen können, eine Tanzauswahl zu treffen. Wenn Sie nach dem Schwierigkeitsgrad eines Tanzes suchen, orientieren Sie sich an den Altersangaben und dem Zeitbedarf.

Kindergarten / Vorschule / Förderschule

Die Dauer einer Tanzstunde sollte ca. 35 Minuten betragen.

1. Tanzeinheit:	Stopptanz, Kaninchenpolka
2. Tanzeinheit:	Stopptanz, Kaninchenpolka, Drei seidene Strümpf
3. Tanzeinheit:	Stopptanz, Räubertanz
4. Tanzeinheit:	Räubertanz, Krebspolka
5. Tanzeinheit:	Krebspolka, Farewell Marian
6. Tanzeinheit:	Kaninchenpolka, Farewell Marian
7. Tanzeinheit:	Drei seidene Strümpf, Farewell Marian
weitere Tänze:	Vampirtanz, Siebenschritt, Segenstanz
Herbst – Frühjahr:	Carolan's Welcome

Grundschule, Jahrgangsstufe 1-2

Die Dauer einer Tanzstunde sollte ca. 45 Minuten betragen.

1. Tanzeinheit:	Stopptanz, Vampirtanz
2. Tanzeinheit:	Stopptanz, Vampirtanz, Drei seidene Strümpf
3. Tanzeinheit:	Stopptanz, Räubertanz
4. Tanzeinheit:	Räubertanz, Krebspolka
5. Tanzeinheit:	Krebspolka, Müller
6. Tanzeinheit:	Vampirtanz, Farewell Marian
7. Tanzeinheit:	Drei seidene Strümpf, Farewell Marian
weitere Tänze:	Siebenschritt, Segenstanz, On Stage
Herbst – Frühjahr:	Carolan's Welcome

Grundschule, Jahrgangsstufe 3-4

Die Dauer einer Tanzstunde sollte ca. 45 Minuten betragen.

1. Tanzeinheit:	Stopptanz, On Stage
2. Tanzeinheit:	On Stage, Plätscherpolka
3. Tanzeinheit:	Stopptanz, Räubertanz
4. Tanzeinheit:	Räubertanz, Plätscherpolka
5. Tanzeinheit:	On Stage, Segenstanz
6. Tanzeinheit:	Partybus, Segenstanz
7. Tanzeinheit:	Partybus, Plätscherpolka
8. Tanzeinheit:	Partybus, On Stage, Farewell Marian
9. Tanzeinheit:	Körbletanz, Farewell Marian
weitere Tänze:	Segeltörn mit Freunden
November – Mai:	Carolan's Welcome

Abkürzungen und Erläuterungen

- **TL** = Tanzleiter, Tanzleiterin
- **r** = rechts
- **l** = links
- **i. U.** = im Uhrzeigersinn
- **g. U.** = gegen den Uhrzeigersinn
- **in Tanzrichtung** = gegen den Uhrzeigersinn
- **gegen Tanzrichtung** = im Uhrzeigersinn
- **ZZ** = Zählzeit
- **T.** = Takt
- **Seitschritt rechts** = rechtes Bein nach rechts, Gewichtsverlagerung auf das rechte Bein, linkes Bein anstellen, Gewichtsverlagerung auf das linke Bein (r, l = 1 Seitschritt; in diesem Buch dauert 1 Seitschritt stets 2 ZZ)
- **Paarachse** = die gefassten rechten Hände bilden den Drehpunkt des Paares, um diesen gedachten Drehpunkt im Uhrzeigersinn im Kreis gehen
- **Paarkreis** = beide Hände reichen und im Kreis umeinander gehen

Stopptanz

Track 1

Alter: ab 4 Jahren
Teilnehmer: beliebig viele, ohne Partner
Zeitaufwand: 8-15 Minuten
Themenstichworte: Statuen, Straßenverkehr, Figur, Polizei
Besonderheit: Tanzspiel

Lernziel Schüler

- Regeln für das Tanzen festlegen und beachten
- Musik bewusst hören
- Tempo und Struktur des Tanzes erfassen
- hören und reagieren
- aufwärmen zur Musik
- federnde Schritte und Hüpfschritte ausprobieren
- Pause mit Figur gestalten

Lernziel TL

- erstes Anleiten von Tänzen
- eine Gruppe führen
- vermitteln durch Vormachen – Nachahmen
- Scheibchen- und Verlangsamungsmethode anwenden

Musik- und Tanzablauf

Vorspiel: vier Rufe: *Stopp, Stopp, Stopp, Stopp.*
Hauptteil: 10 Durchgänge mit je 12 Schritten, am Ende jeweils der Ruf:
Stopp – Hopp.
Ausklang: *Stopp, Stopp, Stopp.*

Tanzbeschreibung

Aufstellung: frei im Raum verteilt

Jedes Kind bewegt sich zur Musik, wie es möchte. Beim Ruf „Stopp" müssen alle sofort reagieren und wie angewurzelt stehen bleiben. Beim Ruf „Hopp" dürfen alle einen Sprung in die Luft machen und anschließend weitertanzen.

Zum Tanz

Der **Stopptanz** ist für mich ein Test, mit dessen Hilfe ich sehen kann, wie sich die einzelnen Kinder bewegen. Zudem ist er der ideale Einstieg zu einer Tanzstunde: Er ist Tanzspiel, Aufwärmtraining und Reaktionstest in einem. Die Kinder können ohne Partner frei und ungezwungen „Erstes Tanzen" erfahren. Kinder aus dem Hort oder der Grundschule sind genauso begeistert dabei wie pubertierende Jungen, die sonst lieber Fußball spielen würden.

Die klare Struktur der Musik bietet zwei Ansatzpunkte, den Stopptanz tänzerisch zu gestalten. In den Musikpassagen des Hauptteils kann mit langsamen, federnden Schritten oder mit großen Hüpfschritten experimentiert werden. Die Pausen können die Kinder z. B. dazu nutzen, Figuren kreativ darzustellen. Die klare Ansage „Hopp" löst aus der Erstarrung, fordert die Koordination beim Sprung in die Luft und bildet den Übergang zum freien Tanzen.

1. Thema besprechen, die Kinder befragen (alle sitzen)

- *Was bedeutet das Wort „Stopp"?* – Halt, stehen bleiben.
- *Wo, in welchen Bereichen ist dies ganz wichtig?* – Im Verkehr.
- *Was passiert, wenn man dies nicht befolgt?* – Es kommt zu Unfällen.

Genauso verhält es sich beim Tanzen: Wie im Straßenverkehr, gibt es auch beim Tanzen feste Regeln.

2. Regeln festlegen

Regel 1:   Mund zu, leise sein
Regel 2:   Augen auf und auf den Nachbarn achten, damit nichts passiert
Handzeichen: Die erhobene, geöffnete Handfläche wie bei einem Polizisten, wenn er den Verkehr anhält, bedeutet „Stopp".

TL sollte unbedingt darauf achten, dass angekündigte Konsequenzen bei Nichtbeachtung der Regeln auch eingehalten werden.

3. Vorführen mit Musik

TL geht während des Vorspiels zwischen den Stopp-Rufen jeweils einen Schritt.

Zum Hauptteil geht er mit 12 kleinen federnden Schritten und lockeren, schwingenden Bewegungen. Der Ruf „Stopp" veranlasst ihn, sofort wie angewurzelt stehen zu bleiben. Bei „Hopp" springt er kraftvoll in die Luft und tanzt ein zweites Mal in gleicher Weise locker zur Musik. Beim dritten Durchgang weist er darauf hin, dass auch große, raumgreifende Schritte möglich sind, und macht dies vor. Hier dann die Musik beenden.

4. Alle üben ohne Musik (3-4 Durchgänge)

Alle gehen mit leicht federnden kleinen Schritten und lockeren Bewegungen im Raum. TL ruft *Stopp* und hält dabei zusätzlich die Hand in die Luft (das verabredete Handzeichen!). Alle sollten reagieren und stehen bleiben. TL verlangsamt nun den Ablauf des Tanzes, indem er erst, wenn alle Kinder richtig reagiert haben, die Ansage *und Hopp* gibt. Die Ansage *und Hopp* veranlasst einen Sprung aller in die Luft. Im 2. Durchgang gehen alle mit 12 kleinen Schritten weiter und bleiben auf Ansage *Stopp – Hopp* wieder wie angewurzelt stehen bzw. gehen weiter. Beim 3. und 4. Durchgang geben Sie die Ansage: *mit großen Hopserschritten im Raum gehen*. Alle üben die Bewegung mit raumgreifenden Hopserschritten.

5.   Tanzen zur Musik

TL tanzt mit, führt vor und beobachtet die Gruppe. Falls Kinder rennen, sofort die Musik beenden und darauf hinweisen, dass man sich nur so schnell bewegen darf, wie die Musik spielt. Dabei sind kleine federnde Schritte, aber auch große Galoppschritte möglich.

6.   Stopptanz erweitern

Nun wird der Tanz schwieriger gestaltet. Beim Ruf „Stopp" dürfen alle eine Figur darstellen. TL fragt nach Ideen und lässt einige vorstellen. Wenn keine Vorschläge kommen, kann TL eigene Vorschläge machen und z. B. eine Statue im Park oder Museum darstellen oder auch Figuren, die auf einem Bein stehen, balancieren usw., um die Phantasie der Kinder anzuregen.

7.   Variationsmöglichkeiten

Musikteil:
- neue Schritte suchen
- bestimmte Raumwege erkunden

Pausenteil:
- Darstellen von Sportarten, Tieren usw.
- Darstellen von Tätigkeiten aus dem Schulalltag oder dem Berufsleben
- Gebärden ausführen
- Stimmungen wie traurig, fröhlich, nachdenklich, müde, erschöpft o. Ä. darstellen

Kaninchenpolka

Track 2

Alter:	ab 4 Jahren
Teilnehmer:	beliebig viele, ohne Partner
Zeitaufwand:	10-20 Minuten
Themenstichworte:	Kaninchen, Polka, Tiere mit langen Ohren, Ernährung
Besonderheit:	Rollenspieltanz

Lernziel Schüler

- bewusstes Hören und Unterscheiden von zwei Melodieteilen
- Bewegungen am Platz – frei im Raum laufen
- rechts – links unterscheiden
- sich eine festgelegte Bewegungsabfolge einprägen

Lernziel TL

- Themen-, Verlangsamungs- und Scheibchenmethode anwenden
- seitenverkehrt vortanzen, gleichzeitig Ansagen aus Tanzgruppenperspektive sprechen

Musik- und Tanzablauf

	Vorspiel	2 Durchgänge							
Zählzeiten	8	16	16	16	16	16	16	16	16
Musikteil	V	A	B	A	B	A	B	A	B
Tanzteil		A1	B	A2	B	A3	B	A4	B

19

Tanzbeschreibung

Aufstellung: frei im Raum,
alle mit der gleichen Blickrichtung,
ohne Partner

A-Teile	**Bewegungen im Rhythmus der Musik:**
A1	Kaninchen wackelt 2 x langsam, 3 x schnell, 2 x langsam, 3 x schnell mit dem **rechten Ohr**.
A2	Kaninchen wackelt 2 x langsam, 3 x schnell, 2 x langsam, 3 x schnell mit dem **linken Ohr**.
A3	Kaninchen wackelt 2 x langsam, 3 x schnell, 2 x langsam, 3 x schnell mit **beiden Ohren**.
A4	Kaninchen wackelt 2 x langsam, 3 x schnell, 2 x langsam, 3 x schnell mit dem **Schwänzchen**.
B-Teile	**Kaninchen läuft davon und tanzt frei im Raum.**

Zum Tanz

Rollenspieltänze wie die Kaninchenpolka bieten für die Allerkleinsten ab 4 Jahren die Möglichkeit, sich in eine andere Figur, hier ein Kaninchen, zu verwandeln. Es ist klar zu hören, dass der Musikteil A aus längeren Notenwerten besteht (eher statischer Eindruck) und Teil B aus kürzeren (bewegter Eindruck). Verschiedene rhythmische Bewegungselemente müssen sowohl mit links als auch mit rechts ausgeführt werden. Ganz besonders gefällt den kleinen Kaninchen dann, dass sie zur Musik laufen können, wie sie möchten.

Ich benutze gerne den Vermittlungsweg über ein Fragespiel oder Rätsel, mit welchem gedanklich das Thema des Tanzes erraten werden soll. Je nach Alter der Zielgruppe sind mehr oder weniger Fragen nötig, bis das Kaninchen erraten wird.
Dem Tanzleiter bietet die Kaninchenpolka die Möglichkeit, Bewegungen seitenverkehrt vorzuführen und trotzdem die korrekten (d. h. aus Tanzgruppenperspektive seitenrichtigen) Ansagen zu sprechen.

Willi Ederle, Das Grundschultanzbuch © FIDULA

Vorgehensweise

Bitte befassen Sie sich vorab mit dem Thema Hasen bzw. Kaninchen, damit Sie möglichst alle Fragen der Kinder beantworten können.

1. Fragen rund um das Kaninchen

Je nach Zeitrahmen und Zielgruppe die Anzahl der Fragen begrenzen.
Das Thema kann später auch fächerübergreifend weiter vertieft werden.

- *Was ist das?*
- *Ein Tier, das sich in Wald und Feld und sogar in der Stadt im Park aufhält,*
- *das sich Wohnhöhlen und Mulden gräbt,*
- *das zwei lange Ohren besitzt,*
- *das hoppelt?*

- *Was frisst ein Kaninchen?*
- *Welche Körperteile hat ein Kaninchen?*
- *Was ist auffällig groß am Kaninchen?*
- *Warum?*

Oder mit einer Frage:
Was sitzt im Gras, kann hoppeln und hat lange Ohren?

Lückentext des TL, den die Kinder ergänzen können:
Bei unserem Tanz, der Kaninchenpolka, geht es um verschiedene Dinge, die unser Kaninchen gerne macht: laufen und Körperteile bewegen. Das Kaninchen hat am Kopf zwei …? **Kinder:** *Ohren.*
TL: *Und am anderen Ende …?* **Kinder:** *Ein Schwänzchen.*

2. Vorführen (mit Musik, alle sitzen)

Wählen Sie die Aufstellung bei der Kaninchenpolka so, dass sich z. B. auf der linken Seite des Raumes optisch markante Dinge wie etwa Fenster befinden, auf der rechten Seite Bilder oder eine vertäfelte Wand. Sie erleichtern es den Kindern, links und rechts zu unterscheiden.

TL führt den 1. Durchgang der Kaninchenpolka mit Musik vor, dabei zeigt er, was das Kaninchen alles macht. Um die verschiedenen Körperteile zu zeigen und zu bewegen, steht er immer am selben Platz vor der Gruppe mit Blick zur Gruppe. Er führt alles seitenverkehrt vor und spricht die Ansagen aus Tanzgruppenperspektive.

Tanzteil	ZZ	Ansagen	Bewegungen des TL
V	8	*Alle stehen am Platz und hören sich das Vorspiel der Musik an.*	
A1	16	*Alle Kaninchen wackeln mit ihrem rechten Ohr – zur Wandseite: rechts – rechts – rechts, rechts, rechts, rechts – rechts – rechts, rechts, rechts.* $\left\|\!:\begin{smallmatrix}4\\4\end{smallmatrix}\; \right.$ ♩ ♩ | ♩ ♩ ♩ 𝄽 $\left.:\!\right\|$	Die linke Hand (= seitenverkehrt) klappt als linkes Ohr im Rhythmus 10 x nach vorne.
B	16	*Die Kaninchen laufen davon, zurück auf ihre Plätze, stellen sich auf.*	TL tanzt frei zwischen den Kindern durch und stellt sich am Ende des Musikteiles B vor die Gruppe, schaut diese an.
A2	16	*Alle Kaninchen wackeln mit ihrem linken Ohr – zur Fensterseite: links – links – links, links, links, links – links – links, links, links.*	Die rechte Hand klappt als rechtes Ohr im Rhythmus 10 x nach vorne.
B	16	s. o.	s. o.
A3	16	*Alle Kaninchen wackeln mit beiden Ohren.*	Beide Hände klappen im Rhythmus der Musik 10 x entlang der Ohren nach vorne.
B	16	s. o.	s. o.
A4	16	*Alle Kaninchen wackeln mit dem Schwänzchen.*	TL dreht sich leicht seitlich zur Gruppe, hält eine Hand an das Gesäß und macht das Wackeln mit dem Schwänzchen 10 x vor.
A1		*Nun beginnt der Tanz von vorne.*	

Musik beenden.

Willi Ederle, Das Grundschultanzbuch © FIDULA

3. Unterscheiden von rechts und links

Die Kinder lernen nun mit Hilfe der unterschiedlichen Wände des Raumes, wo sich links und rechts befindet. Dies funktioniert aber nur, wenn sich immer wieder alle mit gleicher Blickrichtung aufstellen.

Aufstellung: Alle schauen in die gleiche Richtung, TL steht mit Blick zur Gruppe, er zeigt nach links zur Wand und fragt:
Welche Richtung? Antwort: *Rechts* (= Wand).
Er zeigt nach rechts zum Fenster, fragt:
Welche Richtung? Antwort: *Links* (= Fenster).
Nochmals für die Kinder zeigen und bestätigen:
Rechts – Wand, links – Fenster.

TL: *Wenn sich nun immer alle Kaninchen, nachdem sie davongelaufen sind, wieder auf ihren Platz stellen und zu mir schauen, dann stimmt die Richtung – links und rechts.*

Ohne zu unterbrechen wird nun sofort weitergeübt und vertieft.

4. Üben der Kaninchenpolka (ohne Musik)

Einen Durchgang A1 – B – A2 – B – A3 – B – A4 – B langsam üben.
TL steht vor der Gruppe und tanzt seitenverkehrt vor, benutzt Fenster und Wände als Anhaltspunkte, spricht die Ansagen aus Tanzgruppenperspektive dazu.

5. Alle tanzen zur Musik

- ☾ TL steht vor der Gruppe, tanzt mit und spricht die Ansagen.
- ☾ Auf das Vorspiel aufmerksam machen.
- ☾ Weiterhin Fenster und Wände als Anhaltspunkte nutzen.
- ☾ Falls Kinder wie ein Kaninchen am Boden hoppeln, Musik unterbrechen und den Kindern erlauben, mit Laufschritten Kaninchen zu spielen.
- ☾ Wenn rechts und links immer noch verwechselt werden, sollten die Kinder beim Wackeln mit den Ohren und dem Hinterteil mitsprechen.

6. Steigerungsmöglichkeit

Alle tanzen ohne Hilfestellung des TL.

Drei seidene Strümpf

Track 3

Alter:	ab 5 Jahren
Teilnehmer:	beliebig viele, jedoch gerade Anzahl
Zeitaufwand:	12-20 Minuten
Themenstichworte:	Seide, Strümpfe, historische Kleider, Rhythmus, Symbolik
Besonderheiten:	rhythmisches Klatschen

Lernziel Schüler

- ☺ Gehschritte mit Partner laufen
- ☺ Klatschmuster hören und umsetzen
- ☺ Schwindelgefühl und Fliehkraft erleben

Lernziel TL

- ☺ Scheibchenmethode anwenden
- ☺ durch Andeuten der Bewegungen mit dem Finger einen Tanz vermitteln

Musik- und Tanzablauf

1 ZZ = 1 Schritt

	Vorspiel	5 Durchgänge	
Zählzeiten	16	16	16
Musikteil	B	A	B
Tanzteil		A	B

24

Tanzbeschreibung

Aufstellung: zu zweit frei im Raum, Blick zueinander

Fassung: keine

Klatschen im Rhythmus der Musik

A je 1 x klatschen mit beiden Händen
auf die eigenen Schenkel,
in die eigenen Hände,
in die Hände des Partners,
Pause,
3 x Klatschfigur wiederholen

B 16 Schritte mit Partner, eine Hand gefasst,
nebeneinander frei im Raum laufen

Zum Tanz

„Drei seidene Strümpf" hat seinen Ursprung im Allgäu und ist dort unter dem Namen „Drei lederne Strümpf" bekannt. Dazu gibt es Tanzsprüche wie: „Drei lederne Strümpf, und zwoi derzu gibt fünf, mei Vater hat a Kartaspiel, mit nix als lauter Trümpf."
Aber wie lange ist das her, dass man Strümpfe aus Leder getragen hat! Wurden überhaupt jemals lederne Strümpfe getragen? Ich habe den Tanz umbenannt, um keine kulturhistorische Diskussion mit weit reichendem Informationsbedarf bei den Kindern anzufachen. Wenn Sie aber vorhaben, das Thema Kleider, speziell historische Kleider, fächerübergreifend zu vertiefen, dann dürfen Sie diesen Tanz den Kindern auch gerne mit dem Originalnamen vorstellen.

„Drei seidene Strümpf" eignet sich mit den beiden unterschiedlich schnellen Melodieteilen vorzüglich, um schon mit den Jüngsten einen Tanz mit zwei verschiedenen Bewegungsabläufen zu erlernen. Es werden rhythmische Strukturen deutlich, die beim Klatschen mit Partner eine weitere Herausforderung an die Koordination stellen. Das kurze Laufen durch den Raum mit Partner im Tanzteil B fördert das Gefühl für ein festgelegtes Zeitmaß. Gemeinsames Drehen mit Partner bei gefassten Händen (siehe unten: Ausbaumöglichkeiten) führt schon zu ersten Erfahrungen mit Fliehkräften und Schwindelgefühl.
TL kann „Drei seidene Strümpf" durch einfaches Andeuten der Bewegungen ohne viele Erklärungen in kürzester Zeit vermitteln.

Vorgehensweise

1. **Partner suchen und sich setzen**

2. **Musik hören, Tanz- und Klatschfiguren andeuten**

Musik ganz abspielen. TL steht vor der Gruppe. Bei jedem Durchgang gibt er zusätzliche Anweisungen zur Musik, die alle mitmachen.

**Vorspiel und
Durchgang 1:**   Alle hören zu.

Durchgang 2:   Vorführen des Klatschens, Andeuten der Laufbewegungen mit Finger
Tanzteil A: TL klatscht auf die Schenkel, in die eigenen Hände und zum gedachten ihm gegenüberstehenden Partner in die Luft. Auf ZZ 4 innehalten, Pause, 3 x wiederholen.
Tanzteil B: Die Hand des TL deutet mit einem Finger zum Boden und zeigt 16 Laufschritte an.

Durchgang 3:   Vorführen, dazu Ansagen sprechen
Tanzteil A: TL klatscht, spricht dazu Ansagen: *unten, eigen, Partner* (innehalten), 3 x wiederholen.
Tanzteil B: wie oben Schritte andeuten (keine Ansagen sprechen)

Am Ende des 3. Durchgangs die Ansage: *Alle klatschen mit.*

Durchgang 4:   Alle ahmen nach.
Tanzteil A: TL klatscht und spricht dazu Ansagen: *unten, eigen, Partner, Pause,* 3 x wiederholen.
Tanzteil B: Wie oben 16 Schritte andeuten, alle deuten mit (keine Ansagen sprechen, hören, andeuten).

Gegen Ende des Tanzteiles B die Ansage: *Alle hören zu, tanzen gedanklich im Kopf mit.*

Durchgang 5:   Alle hören zu, tanzen in Gedanken mit.
Tanzteil A: TL deutet das Klatschen nur leicht an, alle stellen sich den Tanz vor, keine Ansage.
Tanzteil B: TL deutet 16 Laufschritte an, zählt nun halblaut mit.

26

Willi Ederle, Das Grundschultanzbuch © FIDULA

3.   Alle üben

Partner stellen sich zueinander.

Tanzteil A: TL klatscht vor und spricht die Ansagen so langsam, dass alle mitklatschen können.

Das Klatschen mehrmals üben, das Tempo nach und nach bis zum Originaltempo steigern.

Tanzteil B: Alle laufen mit Partner, eine Hand gefasst, ca. 12 ZZ durch den Raum. Auf ZZ 13 bis 16 die

Ansage: *und auf-stel-len.*

Nun Tanzteil A und B noch einmal üben.

4.   „Drei seidene Strümpf" mit Musik

TL weist auf das Vorspiel (16 ZZ) hin, alle stellen sich auf, warten ab, bereit fürs Klatschen. Dazu spricht TL die Ansagen, klatscht und deutet im Tanzteil B das Tanzen mit Partner frei im Raum an.

5.   Ohne Hilfestellung des TL

6.   Ausbaumöglichkeiten

Tanzteil A: Klatschen erweitern

Klatschen mit dem Partner, zunächst wie bisher 2 x

unten, eigen, Partner, Pause,

unten, eigen, Partner, Pause,

dann erweitert:

unten, eigen, rechts, links (mit Partner über Kreuz, jeweils beide die rechten Hände,

dann beide die linken Hände zusammenklatschen),

unten, eigen, Partner, Schluss (beide Hände, Schlussklatscher).

Tanzteil B: Anstatt mit dem Partner frei im Raum zu laufen, können gemeinsame Drehmöglichkeiten ausprobiert werden.

Räubertanz

Track 4

Alter:	ab 4 Jahren
Teilnehmer:	beliebig viele, ohne Partner
Zeitaufwand:	10-20 Minuten
Besonderheiten:	Rollenspieltanz
Themenstichworte:	Räuber, Straftat, Polizei

Lernziel Schüler

- bewusstes Hören und Unterscheiden von drei Melodieteilen
- Musik auf drei verschiedene Arten gestalten

Lernziel TL

- Themenmethode anwenden
- kreative Kräfte freisetzen und in Form bringen

Musik- und Tanzablauf

	Vorspiel	3 Durchgänge		
Zählzeiten	8	32	16	16
Musikteil		A	B	C
Tanzteil		A	B	C

28

Tanzbeschreibung

Aufstellung: frei im Raum

Mögliche Tanzform:

A	Räuber schleicht durch den Raum.
B	Räuber stellt etwas an.
C	Wachdienst oder Polizist kommt, Räuber flüchtet.

TL muss beim Räubertanz mit Hilfe der klaren musikalischen Struktur die Bewegungsideen der Kinder kanalisieren und in Form bringen.

Vorgehensweise

1. **Thema „Räuber" erfragen und besprechen** (alle sitzen)
   - ☾ *Was tun Räuber?*
   - ☾ *Wie sehen Räuber aus?*
   - ☾ *Wie verhalten sich Räuber?*
   - ☾ *Was geschieht mit ihnen, wenn die Polizei sie erwischt?*

Zum Tanz

Das Thema „Räuber" reizt nicht nur Jungen, auch Mädchen fühlen sich in dieser Rolle wohl. Selbst verschlossene, ruhige Kinder sind begeistert dabei, etwas zu tun, was sie sonst nicht dürfen, und werden so aus der Reserve gelockt. Zusätzliches Verkleiden lässt weitere Ideen aufkeimen. Dabei sollte auch angesprochen werden, dass Diebstahl oder Sachbeschädigung Handlungen sind, für die man normalerweise bestraft wird.

2. Musik anhören

Musikteil A   langsam, rhythmisch betont

                    Klang der Musik: geheimnisvoll, listig, traurig

Musikteil B   schneller, frech, locker

                    Klang der Musik: freundlich

Musikteil C   schnell

                    Klang der Musik: eilend

3. Ideen sammeln

Was könnte ein Räuber zu dieser Musik tun?

4. Ideen ausprobieren

Die Kinder dürfen nun einige der genannten Ideen ausprobieren. TL gibt dazu die Stichworte.

5. Drei verschiedene Ideen zu einer Tanzform zusammenfügen

TL ist nun dafür verantwortlich, die Ideen zu kanalisieren, zu bündeln und drei geeignete Bewegungen festzulegen.

6. Alle spielen Räuber zur Musik

TL gibt die Ansagen für die drei Bewegungen.

7. Erweiterungsmöglichkeiten

Im Tanzteil B können mit dem Partner gemeinsame Drehmöglichkeiten ausprobiert werden.

In einer weiteren Tanzstunde kann mit Tanzzubehör wie Tüchern, Verkleidung, Gerätschaften experimentiert und anschließend der Räubertanz tänzerisch weiter gestaltet werden.

Genauso wäre es möglich, diesen Tanz als „Hexentanz", „Unheimliche Begebenheiten im Wald", „Aus dem Leben einer Schnecke" oder als „Detektivgeschichte" zu präsentieren und dazu gemeinsam eine Tanzgestaltung zu erfinden. Sie sollten aber niemals dasselbe Musikstück für zwei verschiedene Tänze oder Tanzthemen verwenden, denn viele Kinder verknüpfen mit einer bestimmten Melodie einen bestimmten Tanz.

30

Der Müller

Alter:	ab 4 Jahren
Teilnehmer:	beliebig viele
Zeitaufwand:	10-20 Minuten
Themenstichworte:	Müller, Mühle, Windmühle, Energie, Handwerk, Getreide
Besonderheit:	Singtanz, Handwerkertanz, Kreistanz

Lernziel Schüler

- Bewegungen darstellen und gleichzeitig sprechen und singen
- gemeinsames rhythmisches Klatschen und Stampfen
- als großes Windrad drehen
- einen Kreis halten lernen

Lernziel TL

- Vermitteln eines Tanzes bei gleichzeitigem Sprechen und Singen des Liedtextes
- Verlangsamungs-, Themen- und Scheibchenmethode anwenden

Musik- und Tanzablauf

Tanzteil A	16 ZZ = 16 Schritte
Tanzteil B	16 ZZ = 16 Schritte

Tanzbeschreibung

Aufstellung: im Kreis, alle schauen zur Mitte

Fassung: Tanzteil A – keine Fassung

Tanzteil B – Windrad bilden (großer Kreis),

Hände des Nachbarn sind gefasst

Im Tanzteil A ist es unwichtig, welcher Fuß beginnt.

Teil	Takt	
A	1	zwei Gehschritte zur Kreismitte
	2	drei wechselweise Stampfschritte am Platz
		♪ ♪ ♪ 𝄾
	3	zwei Gehschritte rückwärts aus dem Kreis
	4	dreimal in die eigenen Hände klatschen
		♪ ♪ ♪ 𝄾
	5	zwei Gehschritte zur Kreismitte
	6	drei wechselweise Stampfschritte am Platz
	7	zwei Gehschritte rückwärts aus dem Kreis
	8	zweimal in die eigenen Hände klatschen
		♩ ♩
		Durchfassen zum großen Windrad.
B	9-16	mit linkem Fuß beginnend 16 Gehschritte nach links (im Uhrzeigersinn)

A

Der Mül - ler, der macht trapp, trapp, trapp, die Müh - le, die macht klapp, klapp, klapp, der

Mül - ler, der macht trapp, trapp, trapp, die Müh - le macht klapp, klapp.

B

Uns - re Müh - le, die braucht Wind, sonst geht sie nicht ge - schwind, ge-schwind,

uns - re Müh - le, die braucht Wind, sonst geht sie nicht ge - schwind.

Willi Ederle, Das Grundschultanzbuch © FIDULA

„**Der Müller**" stammt aus Norddeutschland und zählt zu den Handwerkertänzen. Er eignet sich vorzüglich, schon Kindern im Kindergarten Wissen über Handwerk und damit verbundene Tätigkeiten zu vermitteln. Aber auch die Größeren kann man mit kulturhistorischen und technischen Details zu handwerklichen Produktionsprozessen begeistern. Dabei fällt es Kindern, die den Nachbarn nicht anfassen möchten, leichter, ein „Windrad" zu bilden als einen „großen Kreis". Der Müller hat nicht nur im Kindertanz die Industrialisierung überlebt. Was er zudem mit dem Thema „Energieerzeugung" zu tun hat, lesen Sie in der nachfolgenden Informationsgeschichte.

Da „Der Müller" ein Singtanz ist, der unabhängig von Abspielgeräten jederzeit und überall ausgeführt werden kann, wurde auf eine Einspielung auf beiliegender CD verzichtet.

TL vermittelt den Tanz durch Vormachen und Nachahmen, dazu wird der Liedtext gesprochen und schließlich gemeinsam zum Tanz gesungen.

Vorgehensweise

Je nach Alter und geistigem oder körperlichem Entwicklungsstand Ihrer Tanzgruppe sollten Sie den Tanz Kindern von 4-6 Jahren als Informationsgeschichte und älteren Kindern als Ratespiel nahebringen.

Ich beschreibe Ihnen beide Vermittlungswege:

Informationsgeschichte für den Kindergarten und die Vorschule
Bitte erzählen Sie sehr gestenreich vom Müller.

„Der Müller" ist ein alter Tanz, bei dem gezeigt wird, was der Müller bei seiner Arbeit alles machte. Müller bauten früher ihre Mühlen oft an Bächen oder, wenn es Windmühlen waren, dort, wo viel Wind blies. Die Bauern brachten dem Müller ihr Getreide, damit er es zu Mehl mahlte. Früher gab es noch keinen Strom. Deshalb nutzten die Müller die Kräfte des Wassers und des Windes, um ihre Mühlsteine anzutreiben und das Getreide zu Mehl zu mahlen.

In einen Bach wurde ein Schaufelrad gestellt. Das Wasser schob dieses Schaufelrad durch seine Strömung an und versetzte es so in eine Drehbewegung.

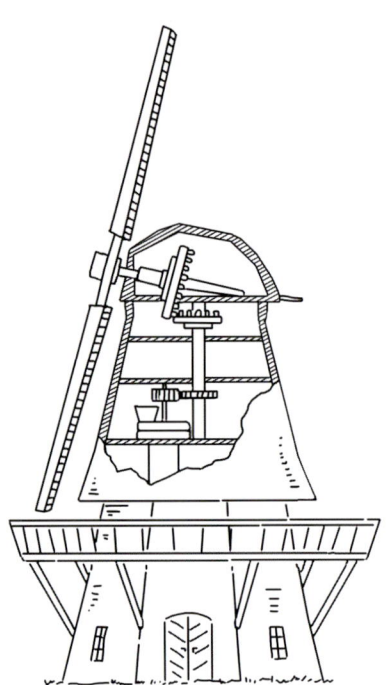

Ähnlich verhielt es sich mit Windmühlen:

Windmühlen sind Häuser, an die vier lange Flügel angebaut sind. Diese Flügel sind kreuzförmig angeordnet und ähnlich wie beim Wasserrad an einer Welle befestigt. Diese Welle drehte sich nun, durch Wind oder Wasser angetrieben, und wurde über Zahnräder so umgeleitet, dass damit die Mühlsteine in Bewegung gesetzt werden konnten.

Zwischen diese Mühlsteine wurde das Getreide geleitet und von den Mühlsteinen zu Schrot und Mehl zerrieben. Heute gibt es nur noch wenige Müller, die mit Hilfe des Wassers oder Windes Getreide zu Mehl mahlen.

Die modernen Nachfolger der Windmühlen sind die riesigen Windräder, die mit Hilfe des Windes Strom erzeugen. Mit diesem Strom kann man dann moderne Mahlwerke antreiben, den Fernseher, die Waschmaschine, den Herd, die Spülmaschine, den Kühlschrank betreiben, heizen und Licht machen.

Bei unserem Tanz „Der Müller" geht es nun um Dinge, die der Müller macht, und um sein Windrad.

Je nach Alter und Wissensstand der Kinder sollten Sie Begriffe wie z. B. Welle, Mühlstein, Schrot, Zahnrad, Schaufelrad erklären.

Ratespiel für die Grundschule

Achtung, fragen Sie nicht zu viel und nicht zu lange, aber so, dass die Begriffe „Müller", „Wasser" und „Wind" herausgefunden werden.

- *Welche Berufe kennt ihr?*
- *Welche Berufe beschäftigen sich mit der Erzeugung von Lebensmitteln?*
- *Welche Berufe verarbeiten Lebensmittel weiter?*
- *Wie nennt man jemanden, der Getreide zu Mehl verarbeitet?*
- *Was stellt man aus Mehl her?*
- *Wie machten früher Müller Getreide zu Mehl, als es noch keinen Strom gab?*
- *Welche Naturkräfte benutzten sie früher?*
- *Wie erzeugt man heute Energie?*

Willi Ederle, Das Grundschultanzbuch © FIDULA

1. **Aufstellen im großen Kreis** (zunächst noch keine Fassung)

2. **Tanzteil A vorführen**
   TL stellt sich innerhalb des Kreises auf und zeigt alleine sehr langsam die Schrittfolge,
   dabei spricht er den Text des Liedes.

3. **Tanzteil A üben**
   Auf gleiche Größe der Schritte achten.

4. **Tanzteil A üben, dazu Liedtext mitsprechen**
   Alle tanzen und sprechen dazu.

5. **Liedtext singen**
   Alle stehen als großes Windrad im Kreis und üben die Melodie des Liedes ein.
   TL singt abschnittsweise vor, zeigt die Tonhöhe der Melodie mit einer Hand an, die Gruppe singt nach.

6. **Tanzteil A tanzen und dazu singen**
   TL tanzt mit den Kindern gemeinsam, alle singen dazu.

7. **Tanzteil B gehen**
   Alle fassen zum großen Windrad durch und gehen, mit dem linken Fuß beginnend,
   16 langsame Schritte nach links im Uhrzeigersinn (Blick gegen Tanzrichtung).
   TL singt die Melodie einmal vor.

8. **Tanzteil B, Melodie erlernen**
   Alle stehen am Platz und üben die Melodie 2-3 Durchgänge lang.

9. **Alle tanzen und singen dazu**
   Tanz mehrmals hintereinander üben, Tempo nach und nach steigern,
   damit das Windrad sich auch schneller drehen kann.

10. **Steigerungsmöglichkeiten**
    Aus einem großen Windrad mehrere kleine Windräder machen,
    dabei sollten aber mindestens 5-6 Kinder jeweils ein Windrad bilden.

35

Krebspolka

Track 5

Alter:	ab 4 Jahren
Teilnehmer:	beliebig viele, jedoch gerade Anzahl
Zeitaufwand:	15-25 Minuten
Themenstichworte:	Meer, Meeresbewohner mit Beinen und Scheren, schwimmende Meeresbewohner, Raubfische
Besonderheiten:	getanzte Geschichte

Lernziel Schüler

- ☾ gemeinsame Seitschritte mit Partner gehen
- ☾ gemeinsam eingehängt gehen mit Partner im Uhrzeigersinn und gegen den Uhrzeigersinn
- ☾ Schwindelgefühl ohne Angst erleben
- ☾ bewusstes Musikhören

Lernziel TL

- ☾ bildhaftes Vermitteln durch eine Geschichte zum Tanzen
- ☾ Scheibchenmethode anwenden, schrittweise vorführen und gleichzeitig Tanzanweisungen sprechen, später auch singen

Musik- und Tanzablauf

	Vorspiel	Durchgang 1/3				Durchgang 2/4			
Zeit	0'00	0'10 / 1'22	0'20 / 1'32	0'29 / 1'41	0'38 / 1'50	0'47 / 1'58	0'56 / 2'07	1'05 / 2'16	1'14 / 2'25
Zählzeiten	16	16	16	16	16	16	16	16	16
Musikteil		A	A	B	B	A	A	C	C
Tanzteil		A	A	B1	B2	A	A	B1	B2

Willi Ederle, Das Grundschultanzbuch © FIDULA

Tanzbeschreibung

Aufstellung: zu zweit, die Partner sind einander zugewandt,
frei im Raum verteilt,
beide Hände gefasst,
Blick zur Musik oder zum Publikum,
alle gleiche Richtung

Schritte:
- ☙ Seitschritte = ein Schritt seitlich und Beistellen des anderen Fußes mit Gewichtsübertragung
- ☙ Seitgalopp = schnelle Seitschritte

A	4 langsame Seitschritte (8 ZZ) mit Blick nach vorne zur Musik, 7 Seitgaloppschritte zurück auf den Platz
B1	beim Partner mit rechtem Ellenbogen einhängen, 14 Schritte (14 ZZ) im Uhrzeigersinn gemeinsam im Kreis gehen, Fassung lösen und mit dem linken Ellenbogen einhängen (2 ZZ)
B2	14 Schritte (14 ZZ) gegen den Uhrzeigersinn im Kreis gehen, Fassung lösen und Anfangsaufstellung (2 ZZ)

Zum Tanz

Die **Krebspolka** ist auch unter den Namen „Neukatholisch", „Manchester" oder „Lott is doot" im ganzen deutschsprachigen Raum bekannt. Der Name entstand wohl durch die Seitgaloppschritte, die an den Gang eines Krebses erinnern. Dieses Bild spricht Kinder stark an, daher verwende ich es für die Vermittlung über eine bildhafte Geschichte. Zudem bietet die Krebspolka im Tanzteil B beim Drehen die Möglichkeit zur kreativen Tanzgestaltung.
In dieser Beschreibung spricht oder singt TL die Ansagen.

1. Kinder suchen einen Partner und setzen sich

2. **Das Thema besprechen**

    Je nach Zielgruppe und Alter der Kinder muss über das Thema Meer gesprochen werden.

    Ältere Kinder können Sie mit gezielten Fragen auf das Thema einstimmen:

    ᕦ *Welche Meeresbewohner kennt ihr?*

    ᕦ *Welche Fische kennt ihr?*

    ᕦ *Welche Raubfische oder Fische mit vielen Zähnen kennt ihr?*

    ᕦ *Kennt ihr Meeresbewohner mit Beinen?*

    ᕦ *Kennt ihr Tiere, die auf dem Meeresboden seitwärts gehen?*

    Spätestens jetzt müssten der Krebs und der Haifisch erraten sein.
    Diese beiden Tiere sind die Hauptpersonen unseres Tanzes.

3. **Vorführen des Tanzes**

    TL führt den Tanz mit fiktivem Tanzpartner vor und erzählt dazu:

    Tanzteil A

Geschichte erzählen

Der kleine Krebs steht frühmorgens auf und tastet sich vorsichtig aus seinem Versteck: 1, 2, 3 und 4 **(sprechen oder singen).**

Eins,   zwei,   drei_____ und vier.

Plötzlich erscheint über ihm ein Fisch mit vielen Zähnen. Der Krebs denkt sich: „Oh, ein Haifisch auf der Suche nach einem Frühstück."

Bewegungen des TL

4 langsame Seitschritte mit Blick nach vorne zur Musik, dazu die Geschichte erzählen

zum Haifisch hinauf zeigen

Willi Ederle, Das Grundschultanzbuch © FIDULA

Der Krebs hüpft schnell zurück in sein Versteck. *1 und 2 und 3 und 4 und 5 und 6 und stehn.*	**7 Seitgaloppschritte zurück zum Ausgangsplatz**

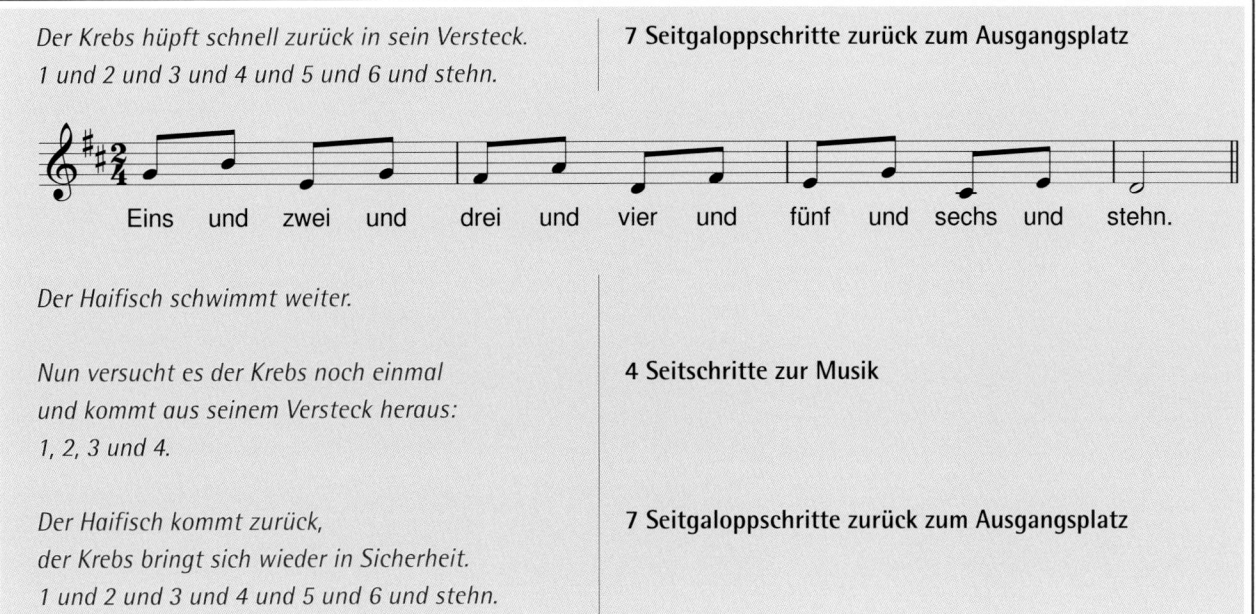

Eins und zwei und drei und vier und fünf und sechs und stehn.

Der Haifisch schwimmt weiter.	
Nun versucht es der Krebs noch einmal *und kommt aus seinem Versteck heraus:* *1, 2, 3 und 4.*	**4 Seitschritte zur Musik**
Der Haifisch kommt zurück, *der Krebs bringt sich wieder in Sicherheit.* *1 und 2 und 3 und 4 und 5 und 6 und stehn.*	**7 Seitgaloppschritte zurück zum Ausgangsplatz**

Tanzteil B

Nun wird es dem Haifisch zu dumm, er denkt sich: *„Das ist mir doch zu anstrengend, diesen kleinen* *Krebs zu fangen und zu verspeisen."* *Und er schwimmt davon.*	
Der kleine Krebs bemerkt, dass der Hai *davongeschwommen ist, tanzt und dreht sich* *voller Freude am Meeresboden im Kreis, erst kurz in* *die eine Richtung, dann kurz in die andere Richtung.*	**waagerecht kreisende Bewegung mit einem Finger** **vor dem Körper, erst im Uhrzeigersinn, dann gegen** **den Uhrzeigersinn**

4. Alle spielen Krebs mit Partner, ohne Musik

TL macht übertrieben deutlich vor, spricht bzw. singt dazu die Ansagen:

Eins, zwei, drei und vier, kurz verharren, dann gesprochen: *oh, Haifisch, zurück,*
eins und zwei und drei und vier und fünf und sechs und stehn.

Tanzteil A   2 x langsam üben mit Ansagen des TL
              2 x langsam üben, Kinder sprechen selber mit

Tanzteil B   Das Gehen im Uhrzeigersinn und gegen den Uhrzeigersinn erklären und üben.

Die Kinder sehen auf ihre Uhr oder eine Uhr an der Wand, kreisen mit einem Finger in der Luft die Drehrichtung des großen Uhrzeigers nach, senken dabei langsam den Arm zum Boden und zeichnen weiter Kreise im Uhrzeigersinn Richtung Boden. Nun stellen sie sich vor, wie das Kreisen mit Partner in gleicher Drehrichtung aussieht. Anschließend hängen die Kinder mit ihrem rechten Ellenbogen beim Partner ein und gehen langsam im Uhrzeigersinn gemeinsam im Kreis.

TL korrigiert die Kinder, welche mit dem falschen Ellenbogen eingehängt haben
und deshalb in die falsche Richtung drehen.

Tanzteil B wiederholen, nun mit linkem Ellenbogen einhängen und gemeinsam gegen
den Uhrzeigersinn im Kreis gehen.
Tanzteil B noch nicht im Zeitmaß der Musik üben.

Willi Ederle, Das Grundschultanzbuch © FIDULA

Nochmals den Tanz ohne Musik komplett üben

TL spricht zum Tanzteil B nun rhythmisch den Text der Bewegungsanweisung oder singt die Melodie mit Bewegungsanweisung beim gemeinsamen Üben.

Am Ende von Tanzteil B vor der Wiederholung kann auch die Ansage *al-le wech-seln Ellen-bogen* gegeben werden.

Drehn und drehn, drehn und drehn, al - le drehn im Krei - se,

drehn und drehn, drehn und drehn, al - le wech - seln Rich - tung.
al - le stell'n sich auf und...

➔ Achtung:

- ♫ Zeitrahmen setzen
- ♫ Übungsabschnitte kurz halten
- ♫ auf die Disziplin achten
- ♫ Partner nicht von sich „wegschleudern"
- ♫ eine Tanzgestaltung für alle festlegen (hilft beim späteren Ausbau der Tanzform)

5.　Pause, sitzen und erholen

6.　Musik hören, Bewegungsablauf vorstellen und andeuten

Musikteil A (Vorspiel und 1. Durchgang, dann Musik beenden):

Auf den Klang der Musik und das Tempo hinweisen, darauf aufmerksam machen, dass man an der Melodie und am Klang schon hören kann, was der Krebs nun tanzt.

Krebspolka ohne Unterbrechung ganz abspielen:

- ♫ Die Kinder sitzen weiterhin.
- ♫ Bei jedem Durchgang werden zusätzliche Aktionen geübt (s. u.).
- ♫ rechtzeitige Ansagen während des Abspielens und Vorführens sprechen

TL zeigt die Bewegungen mit den Fingern in der Luft, spricht oder singt die Ansagen dazu.

Durchgang 1

Ansage: *Krebs tastet sich aus seinem Versteck, 1, 2, 3 und 4. Eins und zwei und ...*

Tanzteil A   mit einem Finger 4 Bewegungen nach vorne, vom Körper weg,
              dann mit diesem Finger 7 Bewegungen zurück zum Körper
Tanzteil A   wiederholen

Tanzteil B   waagerecht kreisender Finger vor dem Körper im Uhrzeigersinn
Tanzteil B   waagerecht kreisender Finger vor dem Körper gegen den Uhrzeigersinn

Durchgang 2

Ansage: *Alle Finger tanzen mit, 1, 2, 3 und 4. Eins und zwei und ...*
              Die Bewegungen des Krebses werden nun im Sitzen bewusst ausgeführt, verinnerlicht und vertieft.
              Bewusstes Hören wird geübt, ohne gleich mit dem ganzen Körper zu tanzen.

Durchgang 3

Ansage: *Finger tanzen mit, alle sprechen (oder singen) dazu: 1, 2, 3 und 4. Eins und zwei und ...*
              weiteres Vertiefen und Bewusstmachen von Bewegungen und Musikstruktur

Durchgang 4

Ansage: *nur im Kopf vorstellen*
              den Tanz innerlich in Gedanken tanzen, Musik bewusst wahrnehmen

7.   Alle üben den Tanz noch einmal ohne Musik zur Geschichte

☞   im Tanzteil A die Ansage der Schritte und die Ankündigung des Haifisches im Tempo der Musik ausführen
☞   im Tanzteil B auf die Drehrichtung achten, eventuell noch einmal üben

8.   Alle tanzen zur Musik

TL macht auf das Vorspiel und den Beginn des Tanzes aufmerksam, gibt Hilfestellung durch seine Ansagen.

9.   Alle tanzen ohne Ansagen und ohne Hilfestellung des Tanzleiters

10. Erweiterung der Krebspolka

Tanzteil A   Aufstellung der Krebse verändern, z. B. im Kreis oder in zwei Reihen, die aufeinander zu hüpfen;
              2 Seitschritte und 3 schnelle, mutige Seitgaloppschritte aus dem Versteck,
              dann ein Stampfer mit dem hinteren Fuß, 7 Seitgaloppschritte zurück ins Versteck

Tanzteil B   weitere Drehmöglichkeiten ausprobieren

Willi Ederle, Das Grundschultanzbuch © FIDULA

Siebenschritt

Track 6

Alter:	ab 5 Jahren
Teilnehmer:	beliebig viele, jedoch gerade Anzahl
Zeitaufwand:	10-20 Minuten
Themenstichworte:	Sieben, Symbolik, Schritt, Stubenmusik, Musikinstrumente

Lernziel Schüler

- bis sieben zählen, dabei vorwärts und rückwärts gehen
- Drehrichtung „im Uhrzeigersinn" kennen lernen
- Außen-, Innenfüße unterscheiden
- rücksichtsvollen Umgang mit dem Partner lernen

Lernziel TL

- Verlangsamungs- und Scheibchenmethode anwenden
- gleichzeitig vorführen und Ansagen sprechen beim Tanzen

Eins, zwei, drei, vier, fünf, sechs, sie - ben, eins, zwei, drei, vier fünf, sechs, sie - ben,

aus - ei - nand', wie - der z'samm, dre - hen, dre - hen, dre - hen, drehn,

aus - ei - nand', wie - der z'samm, dre - hen, dre - hen und von vorn.

43

Musik- und Tanzablauf

Die Einspielung auf der CD weicht in der Melodie etwas von den abgebildeten Noten ab.

Vorspiel: 16 ZZ
Tanzteil: 7 Durchgänge mit je 48 ZZ

Tanzbeschreibung

Aufstellung: je zwei Kinder nebeneinander frei im Raum,
                 alle gleiche Blick- und Tanzrichtung

Fassung: Innenhände gefasst

Schritte:

◔ Innenfüße =
  dem Partner zugewandte Füße

◔ Außenfüße =
  dem Partner abgewandte Füße

◔ Wechselschritt auseinander =
  3 Teilschritte:
  1. Außenfuß zur Seite stellen, belasten
  2. zweites Bein anstellen
  3. Außenfuß noch mal zur Seite stellen, belasten
  (Ansage: *Schritt – ran – Schritt*)

Takt	
1–2	mit den Außenfüßen beginnend 7 Gehschritte vorwärts gehen
3–4	mit den Innenfüßen beginnend 7 Gehschritte rückwärts gehen
5	Fassung lösen, Wechselschritte auseinander, Partner vorsichtig von sich wegschubsen, Fassung lösen
6	Wechselschritte zueinander, dem Partner zuwenden und beide Hände zum Paarkreis geben
7–8	mit 4 Schritten mit dem Partner i. U. 1 x im Paarkreis drehen, Aufstellung wieder nebeneinander mit gefassten Innenhänden
9–12	wie Takt 5–8

Zum Tanz

Der **Siebenschritt** ist in ganz Europa von Frankreich bis nach Norwegen und im ganzen deutschsprachigen Raum bekannt.

Dazu werden Liedtexte gesungen wie z. B.:

1, 2, 3, 4, 5, 6, 7,
wo ist denn mein Schatz geblieben,
ist nicht hier, ist nicht da, ist wohl in Amerika,
ist nicht hier, ist nicht da, ist wohl in Amerika.

oder:
1, 2, 3, 4, 5, 6, 7,
meine Mutter, die kocht Rüben,
meine Mutter, die kocht Speck,
und jetzt drehen wir am Fleck,
meine Mutter, die kocht Speck,
und jetzt drehen wir am Fleck.

oder aus der Gegend um Salzburg:
1, 2, 3, 4, 5, 6, 7,
schönes Mädl, wo gehst hin?
Wo gehst hin? Nach Berlin,
wo die schönen Mädl sind.

neuerdings auch:
1, 2, 3, 4, 5, 6, 7,
unser Handy hat geschrieben,
unser Handy hat gelacht,
bis die Batterie schlappmacht,
unser Handy hat gelacht,
bis die Batterie schlappmacht.

Der Tanz wird hier ohne Liedtext vermittelt, denn die Texte lenken von den eigentlichen Tanzbewegungen ab, irritieren oder überfordern die Kinder. Zu einem späteren Zeitpunkt kann man dies nachholen. Wenn selber gesungen wird, kann der Siebenschritt sogar ohne Tonträger getanzt werden.

Wird der Siebenschritt in der Vor- und Grundschule vermittelt, können Kinder erfahren, was die Zahl 7 bedeutet und rhythmisch-gleichmäßiges Zählen üben. Die eigentliche Herausforderung aber besteht darin, mit dem Partner vorwärts und rückwärts zu gehen. Anschließend muss er (vorsichtig, umsichtig, rücksichtsvoll) wie ein Ball am Gummiband weggeschubst und zurückgeholt werden, um mit ihm dann gemeinsam im Paarkreis zu drehen.

1. Partner suchen

2. **Vorführen mit Ansage, ohne Musik**

    Dazu benötigt TL einen mutigen Partner, der mit ihm den Siebenschritt kurz vorführt. TL sollte darauf achten, den Tanz so langsam mit diesem Partner vorzuführen, dass dieser Zeit hat, es richtig mitzutanzen. Im 3. Vermittlungs-schritt (s. u.) tanzt TL ohne Partner.

    Definition von Innen- und Außenfuß:

    TL und Partner stellen sich nebeneinander.

    ᕦ das dem Partner zugewandte Bein mit dem Bein des Partners leicht zusammenstoßen – Innenfuß

    ᕦ das vom Partner abgewandte, ins Leere zeigende Bein nach außen strecken – Außenfuß

    Vorführen des ganzen Tanzes mit Partner bei gleichzeitigem Sprechen der Ansagen:

    Die Anweisungen *aus-ein-and'* kann auch auf Hochdeutsch als *aus-ein-ander* angesagt werden, ebenso *wie-der z'samm* als *wie-der zusammen*, sie dauern dann aber länger und sind nicht stimmig mit der Musik. Erfinden Sie bei Bedarf bitte selber geeignete Ansagen.

Takt	Ansage	Bewegungen des TL
1–2	*mit dem Außenfuß beginnend 7 Schritte vorwärts gehen: 1, 2, 3, 4, 5, 6, 7*	Mit dem Außenfuß beginnend gemeinsam 7 Schritte nebeneinander vorwärts gehen, Partner dabei mit einer Hand halten.
3–4	*mit dem Innenfuß beginnend 7 Schritte rückwärts gehen: 1, 2, 3, 4, 5, 6, 7*	Mit dem Innenfuß beginnend 7 Schritte rückwärts gehen, Blickrichtung bleibt nach vorne.
5	*ein sanfter Schubser: aus-ein-and'*	Partner schubsen sich voneinander weg, tanzen einen seitlichen Wechselschritt vom Partner weg (= Schritt – ran, Schritt – Pause), Gewicht liegt nun auf dem Außenfuß.

Takt	Ansage	Bewegungen des TL
6	*seitwärts aufeinander zugehen:* *wie-der z'samm*	eineinhalb Seitschritte zum Partner (= Schritt – ran, Schritt – Pause), Gewicht liegt nun auf dem Innenfuß, dem Partner beide Hände geben, leicht schräg nach links versetzt
7–8	*dre-hen, dre-hen ...*	Mit 4 langsamen Schritten gemeinsam 1 x im Uhrzeigersinn im Paarkreis so gehen, dass beide am Ende wieder nebeneinander stehen. Auf Schritt 3 eine Hand lösen.
9–12	(wie T. 5-8)	(wie T. 5-8)

3. Alle üben

TL führt nun ohne Partner vor, gleiche Aufstellung, gleiche Tanzrichtung, Ansagen mitsprechen.
Dabei sollte er scheibchenweise auf die Bewegungselemente „vorwärts gehen", „rückwärts gehen",
„Partner wegschubsen", „wieder zurückholen" und „drehen" eingehen, diese vormachen und üben lassen.

Nach zweimaligem Zeigen und gemeinsamem Üben sollte TL sich zur Gruppe wenden und diese weiter üben lassen.
Nun kann er alle beim Tanzen beobachten, notfalls abbrechen, korrigieren, nochmals zeigen, bis alle Kinder die
Figuren und Schritte beherrschen.

4. Pause, sitzen und erholen

5. Musik anhören, Bewegungen bewusst machen

Es werden nun die ersten 5 Durchgänge des Stücks (bis 1'50 Min.) abgespielt, bei jedem Durchspiel der Melodie
erfolgen Ansagen und Aktionen des Tanzleiters, die alle im Sitzen mitmachen. Bei jedem Durchspiel kommt etwas
Neues dazu, wird es schwieriger.

Vorspiel, Durchgänge 1 + 2: Bewusstes Hören auf Klang, Instrumentierung, Rhythmus
Musik abspielen, dabei auf das Vorspiel mit Flöte und Geige hinweisen. Bei der Melodie kommen nun Hackbrett und
Bassgeige hinzu, die Geigen spielen Rhythmus im Nachschlag (= Ton auf der unbetonten ZZ 2 + 4), der Klang ändert
sich. Auf diese Details können Sie in einer späteren Musikstunde weiter eingehen.

Durchgang 3: Tanzbewegungen andeuten

TL spricht oder singt zur Musik die Ansage wie beim Einüben des Tanzes und deutet mit einem hüpfenden Finger vor dem Körper den Siebenschritt an. Damit die Kinder es besser sehen können, deutet er den Bewegungsablauf vor sich mit dem Finger quer zum Körper an.

Takt	Ansage	Bewegungen des TL
1–2	*1, 2, 3, 4, 5, 6, 7*	Ein Finger hüpft quer vor dem Körper von rechts nach links.
3–4	*1, 2, 3, 4, 5, 6, 7*	Ein Finger hüpft quer vor dem Körper von links nach rechts.
5	*aus-ein-and'*	beide Arme vor dem Körper ausbreiten
6	*wie-der z'samm*	beide Arme vor dem Körper zusammenführen
7–8	*dre-hen, dre-hen ...*	Finger macht kreisende Bewegung vor dem Körper
9–12	(wie T. 5–8)	(wie T. 5–8)

Durchgang 4:

Ansage: *Alle Finger tanzen mit.*

Durchgang 5:

Ansage: *Alle Finger tanzen mit, wir sprechen dazu.*
Musik beenden.

6. Alle üben und tanzen den Siebenschritt ohne Musik

Zwei Durchgänge tanzen, TL spricht Ansagen, zeigt die Bewegungen mit dem Finger.

7. Alle tanzen mit Musik

TL spricht die Ansagen, gibt Hilfestellung.

8. Alle tanzen ohne Ansagen und ohne Hilfestellung des Tanzleiters

9. Weiterführung

Die Kinder dürfen nun selber Möglichkeiten erfinden, wie man noch drehen kann.
Auch Varianten ohne Fassung sind erlaubt.

➡ Für die Drehfiguren in T. 7-8 und T. 11-12 stehen nur je 4 Schritte zur Verfügung.

Eine weitere Möglichkeit:
Aufstellung der Paare im großen Kreis, Tanzrichtung gegen den Uhrzeigersinn

Plätscherpolka

Track 7

Alter:	ab 8 Jahren
Teilnehmer:	beliebig viele 4er-Gruppen
Zeitaufwand:	12-20 Minuten
Themenstichworte:	Symbolik, Wasserrad, Mechanik, Blasinstrumente
Besonderheiten:	Der Tanz gewinnt mit steigendem Tempo an Spaß.

Lernziel Schüler

- Seitschritte im gemeinsamen Viererkreis
- Wechselhupfschritte
- eingehängtes Drehen mit Partner
- Zentrifugalkraft und Gruppendynamik erleben
- Blasmusikinstrumente hören und erkennen

Lernziel TL

- schnelles und rationelles Vermitteln eines Tanzes
- Scheibchen- und Verlangsamungsmethode anwenden
- Ansagen sprechen bzw. singen bei gleichzeitigem Vormachen und Tanzen

Musik- und Tanzablauf

	Vorspiel	4 Durchgänge			
Zählzeiten	8	12	12	16	16
Musikteil	V	A	A	B	B
Tanzteil		A	A	B	C

50

Tanzbeschreibung

Aufstellung: 2 Paare im Viererkreis,
Partner nebeneinander

Fassung: Die Hände zum Nachbarn sind gefasst,
Arme leicht gestreckt, den Viererkreis groß halten,
damit man dem Nachbarn nicht auf die Zehen tritt.

Schritte:
- ↻ Seitschritt
- ↻ Wechselhupfschritt rechts = Hüpfen mit beiden Beinen in die Schrittstellung,
  rechten Fuß vor, rechte Ferse aufstellen, gleichzeitig linken Fuß zurückstellen
- ↻ Schlusssprung = ein Sprung mit beiden Beinen in die Luft,
  Landung auf beiden Beinen nebeneinander

A 8 Seitschritte mit rechtem Fuß beginnend nach rechts,
gegen den Uhrzeigersinn im gemeinsamen Kreis,
2 Stampfschritte am Platz r, l, kurze Pause, 2 Stampfschritte am Platz r, l, kurze Pause.
Teil A wiederholen (siehe auch Noten auf S. 53).

B 6 Wechselhupfschritte langsam r, l, r, l, r, l,
2 Wechselhupfschritte schnell r, l und Schlusssprung

C 12 Schritte mit Partner, rechter Ellenbogen eingehängt, im Uhrzeigersinn drehen,

dann mit 4 Schritten wieder aufstellen zum gemeinsamen Viererkreis

Die **Plätscherpolka** stammt ursprünglich aus der Schwäbischen Türkei, einer deutschen Sprachinsel in Ungarn. Die schöne Melodie, gespielt von einer Blaskapelle, und die besondere Tanzform für 4 Teilnehmer lassen Kinder das Tanzen von einer neuen Seite erfahren. Mit den kraftvollen Wechselhupfsprüngen, die an das Schießen mit einem Ball beim Fußballspiel erinnern, begeistert die Plätscherpolka besonders Jungen und verlangt von allen gute körperliche Kondition. Versehentliches Berühren mit den Fußspitzen sorgt für weitere Stimmung. Darüber hinaus sind alle beim schnellen Drehen im Viererkreis (Tanzteil A) und der dabei auftretenden Zentrifugalkraft gefordert, den Kreis zu halten.

Vielleicht liegt in der Plätscherpolka eine Symbolik verborgen, die an das Drehen eines Wasserrades, das Schlagen eines Hammers oder das Zermahlen von Getreide erinnert.

TL hat bei der Plätscherpolka die Aufgabe, ohne Musik, nur durch seine gesprochenen oder gesungenen Ansagen, den Tanz schnell und rationell zu vermitteln. Die Musik von der CD ist dann eine angenehme Nebenerscheinung.

Vorgehensweise

1. Kreise mit 4 Teilnehmern bilden

Jeder sucht sich einen Partner, anschließend ein zweites Paar, gemeinsam bilden sie Viererkreise.
Die Nachbarn bei den Händen fassen, den Kreis möglichst groß aufstellen, Arme sind leicht gespannt.

2. Tanz einstudieren, Tanzteil A vorführen

TL stellt sich zu einer Viergergruppe hinzu, und gemeinsam führen alle sehr langsam die Seitschritte vor, der Kreis beginnt sich gegen den Uhrzeigersinn zu drehen. Nach 8 Seitschritten folgen die Stampfschritte. Dabei spricht oder singt TL die Ansagen.

  Achtung:
So langsam mit der Gruppe vortanzen, dass alle Teilnehmer Zeit finden,
es ohne vorheriges Üben richtig mitzutanzen.

Ansage: *Und Seit und Seit und Seit ...* (siehe Noten)

Willi Ederle, Das Grundschultanzbuch © FIDULA

Und Seit und Seit und Seit und Seit und Seit und Seit und
R L R L R L R L R L R L

Seit und Seit und Stampf, Stampf, Stampf, Stampf, Stampf.
R L R L R L R L L

Alle üben Tanzteil A

TL verlässt die Vorführgruppe, um die Kinder zu beobachten und Hilfestellung zu geben.

Er spricht weiter die Ansagen: *Und Seit und Seit und Seit …* (siehe Noten)

Achten Sie darauf, dass alle Kinder Seitschritte im Viererkreis mit Blick in Kreismitte gehen.

Wiederholen Sie mehrmals.

Bei jedem Durchgang das Tempo der Ansagen etwas steigern und die Kinder entsprechend schneller tanzen lassen.

Tanzteil B vorführen

TL zeigt alleine die Wechselhupfschritte und den Schlusssprung. Er spricht dazu die Ansagen:

Rechts und links und rechts und links … (siehe Noten, Zeile B)

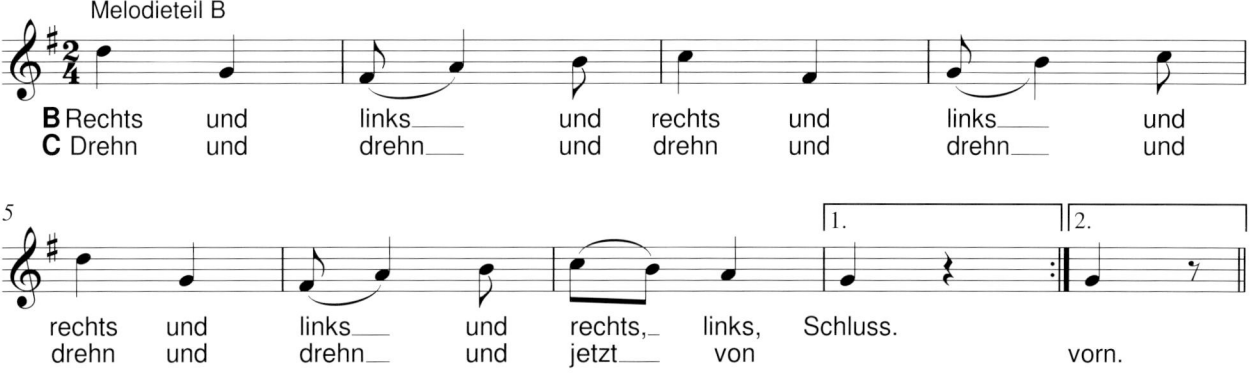

B Rechts und links und rechts und links und
C Drehn und drehn und drehn und drehn und

rechts und links und rechts, links, Schluss.
drehn und drehn und jetzt von vorn.

Alle üben Tanzteil B

Nun stellen alle die rechte Ferse zur Kreismitte. Wechselhupfschritte und Schlusssprung üben.

TL gibt die Ansagen.

Die Wechselhupfschritte nach und nach schneller üben, so sind diese leichter zu tanzen. Mehrmals wiederholen.

Tanzteil C
Die Partner hängen mit den rechten Ellenbogen ein und drehen gemeinsam 14 Schritte i. U. um die Paarachse, dann stellen sie sich wieder im Viererkreis wie zu Beginn auf.
TL deutet das Einhängen nur mit dem Ellenbogen an, gibt die Ansagen: *Drehn und drehn und drehn ...*
(siehe Noten, Zeile C)

3. Das Tanztempo wird nach und nach gesteigert
TL spricht oder singt die Ansagen.
Alle üben 2-3 Durchgänge Tanzteil A bis C ohne Unterbrechung.
Die Plätscherpolka lebt vom Schwung und der Bewegung, aus diesem Grund das Tanztempo nach und nach steigern.

4. Pause
kurze Erholungsphase, setzen

5. Musik bewusst hören
Vorspiel und Musikteile A – A – B – B – A – anhören.
- *Was ist zu hören?* Blasmusik
- *Welche Instrumente spielen?* Piccoloflöte, Trompeten, Tenorhörner, Klarinetten, Tuba
- *Ist die Musik gemächlich oder eher schnell?*

Sich die Plätscherpolka im Kopf vorstellen, Musik wird erneut abgespielt.
- Die Kinder sitzen weiterhin.
- Die Kinder dürfen sich nun den Tanz im Kopf vorstellen, niemand tanzt.
- Alle achten (beim erneuten Abspielen der Musik) auf das Vorspiel und den Beginn des Tanzes.
- Bei jedem Durchspiel werden zusätzliche Aktionen geübt (s. u.).
- rechtzeitig die Ansagen während des Abspielens und Vorführens sprechen

Durchgang 1, Tanzteil A
TL deutet mit einer kreisenden Armbewegung und hüpfender Hand die Seitschritte an und spricht die Ansagen.

Durchgang 1, Tanzteil B

TL deutet mit beiden Händen wie ein Taucher, der mit den Flossen schlägt, die Wechselhupfschritte an und spricht die Ansagen.

Durchgang 1, Tanzteil C

TL zeigt den rechten Ellenbogen fürs eingehängte Drehen und spricht die Ansagen.

Durchgang 2

Ansage: *Alle zeigen mit, jedoch noch ohne zu tanzen.*

Durchgang 3

Ansage: *Alle zeigen und sprechen (singen) mit, ohne zu tanzen.*

6. Alle tanzen und üben nochmals ohne Musik

TL spricht oder singt die Ansagen dazu.

Die Plätscherpolka wird erst langsam, dann immer schneller bis zum Originaltempo der Musik geübt.

7. Tanzen mit Musik und Ansagen

Musik sofort abbrechen, falls das Originaltempo nicht erreicht wird. Noch mal üben oder Erholungspause einschieben. Wenn die Kondition noch ausreicht, kann die Plätscherpolka gerne erneut, jetzt aber ohne Hilfestellung und Ansagen des TL getanzt werden.

Körbletanz

Track 8

Alter:	ab 8 Jahren
Teilnehmer:	beliebig viele 3er-Gruppen
Zeitaufwand:	15-20 Minuten
Themenstichworte:	Handwerk, Korbflechten, Dreiertanz, Sprachinsel

Lernziel Schüler

- ৬ mit zwei verschiedenen Partnern innerhalb der Dreiergruppe tanzen
- ৬ hören und tanzen zu schnell und langsam gespielter Musik
- ৬ Kreuztupftritte

Lernziel TL

- ৬ schnelles und rationelles Vermitteln eines Tanzes
- ৬ vorführen, erklären, anleiten
- ৬ Ansagen sprechen bei gleichzeitigem Vortanzen
- ৬ zielgerichtet Scheibchen- und Verlangsamungsmethode anwenden

Musik- und Tanzablauf

	Vorspiel	3 Durchgänge			
Zählzeiten	8	16	16	16	16
Musikteil	A	A	A	B	B
Tanzteil		A1	A2	B1	B2

Aufstellung: In Dreiergruppen, Hände zum Nachbarn gefasst,

alle Dreiergruppen stehen
hintereinander auf der Kreisbahn,
Blick in Tanzrichtung

Schritte: ☙ Kreuztupftritte rechts =
rechtes Bein vorne über das linke
Bein kreuzen, mit Zehenspitzen
auftupfen, nach rechts zur Seite
schwingen und auftupfen.

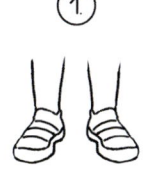 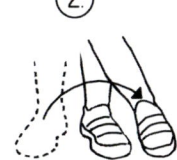 

☙ Laufschritte = schnelle Gehschritte

Der in der Mitte stehende Partner wendet sich dem außen auf der Kreisbahn stehenden Partner zu (dabei Fassung mit dem anderen Partner lösen), rechte Hände sind gefasst, beide tanzen Kreuztupftritte gegengleich mit dem rechten Bein. Dazu das Körpergewicht auf das linke Bein verlagern.

Der innen auf der Kreisbahn stehende Partner wartet zum mittleren Partner gewendet.

Tanzteil	ZZ	Ansagen	Tanzbeschreibung
A1	4	*Kreuz – Tupf, Kreuz – Tupf*	2 Kreuztupftritte
	4	*rechts, links, rechts, links*	4 Schritte r, l, r, l mit Außenpartner i. U. um die Paarachse gehen (½ Drehung), Hände bleiben tief, bei Schritt 3 Fassung lösen, der Mittlere wendet sich dem wartenden Innenpartner zu, rechte Hände fassen
	4	*Kreuz – Tupf, Kreuz – Tupf*	2 Kreuztupftritte mit Innenpartner
	4	*rechts, links, rechts, links*	4 Schritte r, l, r, l mit Innenpartner i. U. um die Paarachse gehen (½ Drehung), Fassung lösen, der Mittlere wendet sich dem außen stehenden Partner zu, wieder rechte Hände fassen
A2	1–14	*Kreuz – Tupf, Kreuz – Tupf, rechts, links, rechts, links, Kreuz – Tupf, Kreuz – Tupf, rechts, links*	A1, ZZ 1-14 wiederholen, jedoch wird mit dem Innenpartner mit nur 2 Schritten r, l ½ Drehung um die Paarachse gegangen.
	15–16	*auf-stellen*	dann mit 2 Schritten zu Dreiergruppen nebeneinander aufstellen, Hände fassen, Blickrichtung in Tanzrichtung auf der Kreisbahn
B1	16	*Vorwärts, Marsch, 3, 4 … 14 und zurück* (Ansage „Vorwärts, Marsch" gilt für ZZ 1, 2, „und zurück" gilt für ZZ 15 und 16)	14 Laufschritte auf der Kreisbahn in Tanzrichtung, Fassung lösen, alle mit 2 Schritten ½ Drehung am Platz, Fassung zur Dreiergruppe, Richtungswechsel
B2	16	*1, 2, 3, 4 … 12 und auf-stel-len* (Ansage „und aufstellen" gilt für ZZ 13-16)	14 Laufschritte auf der Kreisbahn gegen die Tanzrichtung, Fassung lösen, mit 2 Schritten zur Anfangsaufstellung

Dem russischen Dreiertanz „Troika" entspricht nach meinem Empfinden im deutschsprachigen Raum der „Körbletanz". Er entstand im Kuhländchen, einer ehemaligen deutschen Sprachinsel in der Tschechischen Republik. Langsame und schnelle Passagen im Tanz zwingen zu bewusstem Hören und schnellem Reagieren. Die Kreuztupftritte mit wechselnden Partnern im Tanzteil A bieten auf angenehme Art die Möglichkeit, mit zwei verschiedenen Partnern in einer Dreiergruppe immer wieder in Kontakt zu kommen. Der Tanzteil B lässt Freiraum, um bei raumgreifenden Laufschritten als Dreiergruppe überschüssige Energien abzubauen.

Vorgehensweise

Das Schwierigste an diesem Tanz ist, die richtige Aufstellung und die Raumwege für alle aufzuzeigen. Es hat sich bewährt, mit Tanzteil B zu beginnen.

1. Vorführen und üben: Tanzteil B
Dreierreihen gehen als Kolonne in Tanzrichtung:
TL sucht sich für den ganzen Tanz zwei Partner zum Vorführen und Mittanzen aus.

Alle Dreierreihen begeben sich an den Rand der Tanzfläche.
- TL begibt sich mit seiner Dreiergruppe in die Mitte des Raumes und geht in Tanzrichtung vorwärts.
- Alle Dreiergruppen gehen auf der Außenbahn, bis die Raumwege der Gruppen klar sind.
- Fassung lösen, ½ Drehung am Platz, neu fassen, Richtungswechsel
- 14 Schritte auf der Kreisbahn zurückgehen zum alten Platz und stehen bleiben.

Nachdem alle den richtigen Raumweg abgegangen sind, werden die Begriffe „in Tanzrichtung" und „gegen Tanzrichtung" erklärt.

2. Vorführen der Anfangsaufstellung: Tanzteil A
TL führt das Aufstellen zum Tanzteil A so langsam vor, dass die Mittanzenden seiner Dreiergruppe Zeit haben, es richtig mitzumachen. Es sollte niemand beim Vorführen blamiert werden.

3. Vorführen: Tanzteil A (niemand tanzt, alle schauen zu)
TL zeigt alles abschnittsweise Schritt für Schritt, alle tanzen nach:

1. Körpergewicht auf das linke Bein (Standbein) verlagern
2. rechtes Bein (Spielbein) schwingt frei über dem Boden
3. Fassung rechte Hände mit Außenpartner
4. 2 gemeinsame Kreuztupftritte mit Außenpartner
5. 4 Schritte um die Paarachse gehen r, l, r, l

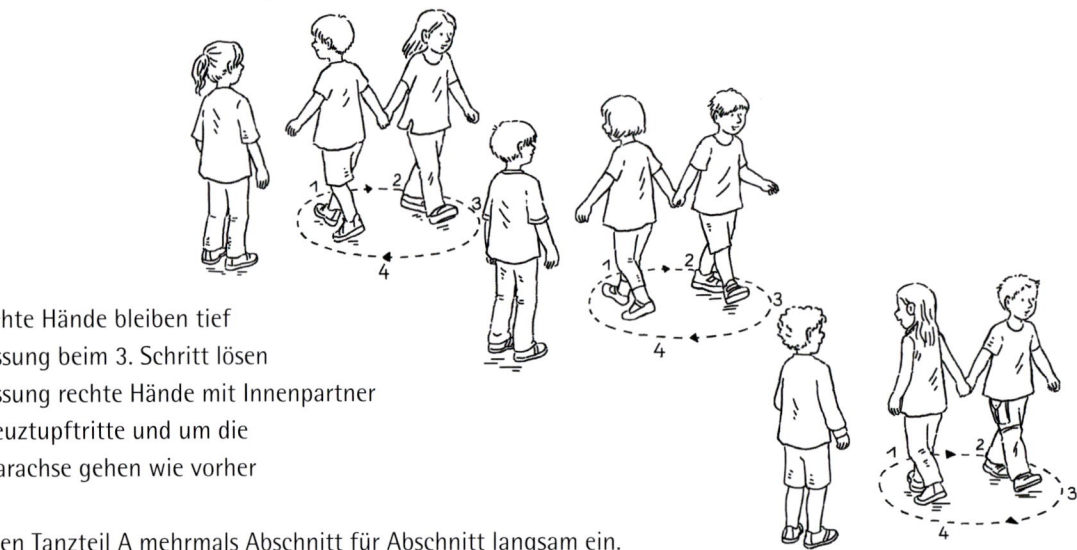

6. rechte Hände bleiben tief
7. Fassung beim 3. Schritt lösen
8. Fassung rechte Hände mit Innenpartner
9. Kreuztupftritte und um die
   Paarachse gehen wie vorher

Alle üben Tanzteil A mehrmals Abschnitt für Abschnitt langsam ein.

4.   Üben: Tanzteil B + A

Alle üben die Laufschritte als Dreiergruppe nebeneinander und zählen selber mit.
TL tanzt nun mit seiner Dreiergruppe im Außenkreis mit, spricht die Ansagen dazu:
Vorwärts, Marsch, 3, 4 … 14, und zurück

Achtung:
- kleine Laufschritte gehen
- ausreichend Abstand zur Vordergruppe einhalten
- Alle wechseln gleichzeitig die Richtung.
- Keine Dreiergruppe wird überholt.

Tanzteil A + B mehrmals üben, Tempo bei jedem Durchgang steigern.

5.   Pause

sitzen, kurze Erholungsphase

6. Musik bewusst hören

Vorspiel und Musikteil A1 – A2 – B1 – B2 – A1 anhören.

- Zu hören sind Klarinetten, Geigen, Trompete, Kontrabass (Bassgeige).
- Musikteil A ist langsam, Musikteil B schnell.
- Das Vorspiel dauert 8 ZZ und endet mit einem Schlussakkord.

Musik „Körbletanz" ganz abspielen

- Die Kinder sitzen weiterhin.
- Alle achten auf das Vorspiel und den Beginn des Tanzes.
- Bei jedem Durchspiel werden Aktionen geübt (s. u.).
- rechtzeitige Ansagen während des Abspielens und Vorführens geben
- sich den Tanz im Kopf vorstellen; niemand tanzt

Durchgang 1, Tanzteile A

TL zeigt mit einer winkenden Armbewegung die Kreuztupftritte und das Drehen um die Paarachse mit einem Finger vor dem Körper und spricht Ansagen.

Durchgang 1, Tanzteile B

TL deutet mit einem Arm das Laufen der Dreiergruppen an und zählt die Schritte mit.

Durchgang 2, Tanzteile A + B

TL deutet die Bewegungen mit Arm und Finger an, spricht Ansagen. Alle machen mit.

Durchgang 3, Tanzteile A + B

TL deutet die Bewegungen mit Arm und Finger an, spricht keine Ansagen. Alle deuten und sprechen mit.

7. Alle tanzen und üben nochmals ohne Musik, TL spricht Ansagen

Der Tanz wird erst langsam, dann immer schneller bis zum Originaltempo der Musik geübt.

8. Tanzen mit Musik und Ansagen

Sofort abbrechen, falls das Originaltempo der Musik nicht erreicht wird und nochmal üben.

9. Tanzen mit Musik, ohne Ansagen, ohne Hilfestellung

Vampirtanz

Track 9

Alter: ab 5 Jahren
Teilnehmer: beliebig viele
Zeitaufwand: 10-20 Minuten
Themenstichworte: Vampire, Blut saugende Tiere
Besonderheiten: Rollenspieltanz

Lernziel Schüler

- ☺ Musik- und Tanzstrukturen hören, erkennen, ertanzen
- ☺ Kontakt finden, aber niemanden berühren

Lernziel TL

- ☺ Thema „Vampir" erarbeiten
- ☺ bildhaftes Vermitteln
- ☺ Scheibchenmethode umsetzen
- ☺ Verlangsamungsmethode anwenden
- ☺ beim Vorführen seitenrichtig tanzen und Ansagen sprechen
- ☺ beim Einstudieren seitenverkehrt mittanzen,
  aber Ansagen aus Tanzgruppenperspektive sprechen

Hinweise zum Liedtext

(„Lollipop" von Mika)

Dieses Lied ist eine Warnung des Sängers an seine kleine Schwester: „Lass dir Zeit mit der Liebe, überstürze nichts, verliebe dich nicht gleich in den Erstbesten!" Der „Lollipop" symbolisiert dabei Dinge, die Spaß machen und gut tun, er kann auch für die Liebe selbst oder für die kindliche Unschuld stehen: Wer zu schnell an seinem Lutscher leckt, hat bald nichts mehr davon. Man soll sich also Zeit lassen. Dass dieses Symbol auch eine sexuell-intime Konnotation hat, kann man den Kindern dabei ruhig verschweigen.

Musik- und Tanzablauf

Die Originalversion dieser Musik ist für das Tanzen mit Kindern zu lang. Auf der CD zu diesem Buch finden Sie daher eine gekürzte Fassung.

62

E = Einleitung; Intro = Vorspiel; St= Strophe

	Einleitung	1. Durchgang					2. Durchgang				Ausklang	
Zeit	0'00	0'11	0'21	0'31	0'41	0'51	1'01	1'11	1'21	1'31	1'41	1'51
Zählzeiten	12	16	16	16	16	16	16	16	16	16	16	16
Musikteil	E	Intro	A	B	St	St	A	B	St	St	A	B
Tanzteil	E	A	A	A	B		A	A	B (C)		A	A

Tanzbeschreibung

Aufstellung: alleine, frei im Raum,
                    alle blicken in die gleiche Richtung

Fassung: keine

Hier finden Sie zusätzlich die Zeitangaben, damit Sie die entsprechenden Stellen schnell anwählen können.

Zeit	Tanzteil	ZZ	Tanzbeschreibung
0'00	E	12	Einleitung: stehen am Platz
0'11	A	4	4 Schritte nach vorne gehen r, l, r, l
		4	mit der rechten Hand nach rechts greifen, mit der linken Hand nach links greifen, mit der rechten Hand nach rechts greifen, mit der linken Hand nach links greifen
		4	4 Schritte rückwärts gehen r, l, r, l
		4	dann in die Hocke gehen, „verstecken", 4 ZZ warten
0'21	2 x A	2 x 16	s. o.
0'41	B	2 x 16	16 Schritte frei im Raum gehen, nach einem „Opfer" suchen, 16 Schritte zurück zum Platz gehen, da kein „Opfer" gefunden wurde
1'01	2 x A	2 x 16	s. o.
1'21	B	2 x 16	s. o.
1'41	2 x A	2 x 16	s. o.

Zum Tanz

Es ist ein Angst einflößendes, aber reizvolles Thema, sich mit Vampiren auseinanderzusetzen. Erstaunlich, was schon Grundschüler über Vampire wissen. Der Gedanke, von einem Vampir gebissen und ausgesaugt zu werden, lässt die Kinder erschaudern. Diese Angst und die damit verbundenen Gefühle und Stimmungen auszudrücken, zeigt die Kinder von einer ganz anderen Seite und lässt Tanzen in einem neuen Licht erscheinen. Wenn man weiß, dass Vampire nur in der Phantasie der Menschen, in Büchern, im Fernsehen existieren und die im Fasching und zu Halloween auftauchenden Vampire nur verkleidete Menschen sind, dann zerstreuen sich schnell die Bedenken gegenüber diesen gefährlichen Wesen. Der Vampirtanz bietet beim Rollenspiel im Tanzteil A eine klare Struktur mit einfachem Grundschritt und für alle nachvollziehbaren Tanzelementen. Im Tanzteil B muss der Vampir, wenn er nicht verhungern will, nach anderen Möglichkeiten suchen, um ein Opfer zu finden.

TL ist gefordert, den Vampirtanz scheibchenweise zu vermitteln. Erst führt er seitenrichtig vor (mit dem Rücken zur Gruppe) und spricht die Ansagen, anschließend muss er sich, um die Gruppe beobachten zu können, zur Gruppe wenden, seitenverkehrt vortanzen und die Ansagen aus Tanzgruppenperspektive geben. Wenn TL dies einmal beim Vampirtanz geschafft hat, dann sind auch andere Tänze kein Problem mehr.

Vorgehensweise

1. Thema besprechen und erfragen

- ↻ *Wer kennt Vampire?*
- ↻ *Wie sehen Vampire aus?*
- ↻ *Wo halten sich Vampire auf?*
- ↻ *Was machen Vampire?*
- ↻ *Vor was haben Vampire Angst?*
- ↻ *Von was ernähren sich Vampire? Ketchup!?*

Abschließend die Kinder aufklären, dass es Vampire eigentlich gar nicht gibt.
Einen Zeitrahmen vorsehen oder das Thema „Vampir" fächerübergreifend vertiefen.

64

2. Tanz vorführen ohne Musik

TL steht vor der Gruppe und stellt mit gleicher Blickrichtung wie die Gruppe Tanzteil A verlangsamt vor:

ZZ	Ansagen / die Geschichte	Bewegungen des TL
4	*Ein Vampir ist auf der Suche nach einem „Opfer" und geht 4 Schritte vorwärts: 1, 2, 3, 4.*	4 Schritte vorwärts gehen r, l, r, l
4	*Dann greift er nach rechts,* *links,* *rechts,* *links,* *er kann aber kein Opfer erwischen und geht deshalb …*	mit dem rechten Arm nach rechts greifen, mit dem linken Arm nach links, mit dem rechten Arm nach rechts greifen, mit dem linken Arm nach links
4	*… 4 Schritte rückwärts auf seinen Platz, 1, 2, 3, 4.*	4 Schritte rückwärts gehen r, l, r, l
4	*Dort versteckt er sich, 1, 2, 3, 4.*	in die Hocke gehen, „verstecken", bis 4 zählen

Wiederholung des Tanzteiles A

Ansage: *Nun versucht der Vampir erneut, ein Opfer zu finden und zu ergreifen.*

TL zeigt den Tanzteil A noch einmal mit Ansagen, wie oben beschrieben.

3. Tanz üben

Ansage: *Alle spielen nun einen Vampir, der vorwärts geht, greift, zurück geht, sich versteckt.*

TL steht mit gleicher Blickrichtung wie die Gruppe, tanzt mit und spricht die Ansagen dazu.

Tanzteil A wird 3 x langsam geübt, dies entspricht dem Musikablauf auf der CD beim 1. Durchgang.

4. **Pause, setzen und erholen**

5. **Musik anhören, Strukturen und Tanzbeginn erfassen**

Nun wird aufgefordert, sich die Musik ganz genau anzuhören und auf Klang, Tempo und Besonderheiten zu achten. Den Vampirtanz ganz abspielen.

Was ist am Anfang zu hören?

- Jemand spricht, ruft am Anfang.
- Trommeln
- Schnipsen
- Bass kommt hinzu, es wird rhythmisch gesprochen, dann beginnt der Gesang.

Die Musik wird erneut abgespielt, und jetzt wird auf die Einleitung, den Beginn des Tanzes und das Tempo geachtet.

Einwurf des Sängers zu Beginn des Stückes: „Hey, what's the big idea?", dann zählt TL laut mit:
Ansage: *1, 2, 3, 4, 5, 6, 7, 8, 9, 10, 11, 12, los.*

6. **Aufstellung einnehmen, alle tanzen zur Musik**

Nachdem nun die Einleitung und der Tanzbeginn geklärt sind, tanzen alle dreimal Tanzteil A zur Musik.
TL spricht Ansagen und tanzt den ersten A-Teil mit der Gruppe mit. Um diese beobachten zu können, geht TL nicht mehr in die Hocke, sondern bleibt am Ende des ersten A-Teils stehen, dreht sich um und tanzt nun seitenverkehrt zu seinen Ansagen die folgenden zwei A-Teile mit.
Dann die Musik abbrechen.

7. **Tanzteil B erklären, üben ohne Musik**

Ansage: *Da diese Methode, ein Opfer zu fangen, leider keinen Erfolg hatte, versucht es der Vampir nun anders.*

Vorführen des Tanzteiles B

ZZ	Ansagen / die Geschichte	Bewegungen des TL
16	*Er schleicht kreuz und quer durch den Raum und sucht nach einem Opfer, aber niemand darf berührt oder gebissen werden.*	TL geht suchend als Vampir zwischen den Kindern durch und sucht nach einem Opfer (etwa so lange umhergehen, wie 16 ZZ dauern).
16	*Leider findet er kein geeignetes Opfer mit der richtigen Blutgruppe, deshalb schleicht er langsam nach Hause auf seinen Platz.*	TL schleicht wieder zurück auf seinen Platz vor die Gruppe (16 ZZ) und bleibt schließlich in gleicher Blickrichtung wie die Gruppe stehen.

66

Üben des Tanzteiles B, alle schleichen mit (s.o.)

TL tanzt mit, gibt die Ansage:

Alle Vampire gehen umher und suchen nach einem geeigneten Opfer, wie eben gezeigt.

Alle gehen los. TL zählt leise für sich 16 ZZ im selben Tempo, wie die Musik spielen würde, dann Ansage:

Leider findet er kein geeignetes Opfer mit der richtigen Blutgruppe, deshalb schleicht er langsam nach Hause auf seinen Platz zurück.

Während TL die Ansage spricht, zählt er leise für sich 16 ZZ im selben Tempo, wie die Musik spielen würde (die Ansage selber dauert dabei etwa 8 ZZ).

Ohne den Tanzablauf zu unterbrechen, wiederholen alle 2 x Tanzteil A wie beim Ablauf mit Musik.

Ansage: *Nun beginnt der Tanz von vorne! Alle Vampire stellen sich auf und – 1, 2, 3, 4 greifen, greifen, greifen, greifen ...*

TL tanzt nun mit Blick zur Gruppe spiegelbildlich und spricht die Ansagen aus Tanzgruppenperspektive mit. So kann er die Gruppe beobachten. Im Tanzteil B schleicht er gemeinsam mit den Kindern durch den Raum und geht danach wieder zurück an seinen Platz vor die Gruppe.

8. Alle tanzen zur Musik

Geübt wurde bisher der Ablauf A – A – A – B – A – A. Beim Abspielen des ganzen Musikstückes folgen nun noch die Tanzteile B – A – A.

TL steht vor der Gruppe, tanzt spiegelbildlich, spricht die Ansagen aus Tanzgruppenperspektive mit, schleicht im Tanzteil B gemeinsam mit den Kindern durch den Raum und geht danach wieder zurück an seinen Platz vor die Gruppe.

9. Steigerungsmöglichkeiten

- ☾ Die Gruppe tanzt ohne den TL, der spricht nur die Ansagen.
- ☾ Die Gruppe tanzt ohne jegliche Hilfestellung des TL.
- ☾ Grimassen schneiden
- ☾ verkleiden

10. Erweitern des Tanzes

Tanzteil	ZZ	Tanzbeschreibung
	8	Vampir sucht mit 8 Schritten ein Opfer in unmittelbarer Nähe.
C	8	Er umkreist sein Opfer mit 8 Schritten in einer Richtung.
	8	Er umkreist sein Opfer mit 8 Schritten in der anderen Richtung.
	8	Er schleicht zurück auf seinen Platz.

On Stage

Track 10

Alter: ab 8 Jahren
Teilnehmer: beliebig viele, ohne Partner
Zeitaufwand: 25-35 Minuten
Themenstichworte: Sportarten, Gitarre, Schlagzeug

Hinweise zum Liedtext

("Snow" von den Red Hot Chili Peppers)

Der Text dieses Lieds ist für Kinder unverständlich, denn er beschreibt einen existentiellen Wendepunkt im Leben des Sängers, der darüber sinniert, dass es Zeit wird, über sich und sein Leben nachzudenken, um zerstörerischen Kräften entkommen zu können. Dabei wird er in dunkle Abgründe seiner Seele geführt. Kindern könnte man vielleicht erklären, dass der Sänger im Lied traurig ist und sich wünscht, bald wieder fröhlich zu sein.

Lernziel Schüler

- ☾ Musikstrukturen hören und erfassen
- ☾ Rhythmen hören und erfassen
- ☾ Musikinstrumente hören und unterscheiden
- ☾ Bewegungen erfinden

Lernziel TL

- ☾ Scheibchen- und Vereinfachungsmethode anwenden
- ☾ Einstudieren eines modernen Tanzes
- ☾ Grundschritt seitenverkehrt zeigen, Ansagen aus Tanzgruppenperspektive sprechen
- ☾ Ideen fördern, sammeln, bündeln, in Form bringen

Musik- und Tanzablauf

Die Originalversion dieser Musik ist für das Tanzen mit Kindern zu lang. Auf der CD zu diesem Buch finden Sie daher eine gekürzte Fassung.

Willi Ederle, Das Grundschultanzbuch © FIDULA

ZZ = Schritt

	Vorspiel						Ausklang	Schluss
Zählzeiten	16	16	32	32	32	32	16	8
Musikteil	V1	V2	A	B	A	B	A	A
Tanzteil	V1	V2	A	A	A	A	Akl	S

Grundschritt „On Stage" (32 ZZ)

4 Seitschritte nach rechts

4 Seitschritte nach links

6 Schritte vorwärts

2 Schritte ½ Drehung g. U.

6 Schritte vorwärts auf den Platz zurückgehen

2 Schritte ½ Drehung g. U.

Tanzbeschreibung

Aufstellung: frei im Raum, Formation,
alle gleiche Blickrichtung

Vorspiel, dabei wippen im Takt der Musik

V1   Gitarre spielen (16 ZZ)
V2   Schlagzeug spielen (16 ZZ)
A   Grundschritt tanzen (32 ZZ), dazu jeweils 4 Bewegungsideen integrieren zum
               Seitschritt rechts,
               Seitschritt links,
               Vorwärtsgehen,
               Zurückgehen auf den Platz (je 8 ZZ)

3 x wiederholen = 4 Durchgänge (je 32 ZZ)

Akl   Ausklang mit drehender Bewegung g. U. (16 ZZ)
S   Schluss mit drehender Bewegung i. U. und Erstarren zu einer Schlussfigur (8 ZZ)

TL steht dabei vor der Gruppe, tanzt seitenverkehrt, spricht die Ansagen aus Tanzgruppenperspektive dazu, fördert Bewegungsideen und integriert diese zum Grundschritt.

Zum Tanz

„On Stage" ist ein Tanz zu einem Popsong, bei dem die Gitarre und das Schlagzeug, welche im Vorspiel zu hören sind, die Namenswahl beeinflussten. Gemeinsam mit den Kindern werden typische Bewegungen aus Ballsportarten, Schwimmarten, Wintersportarten usw. gesucht und ausprobiert. Daraus entsteht schließlich ein Ideenpool.

Danach wird der Grundschritt vermittelt. Anschließend werden 2-4 einfache Bewegungen aus dem Ideenpool ausgesucht und zum Grundschritt getanzt. So entsteht eine Tanzchoreografie aus Ideen der Kinder und dem Grundschritt des TL. Diese gemeinsam geschaffene Abfolge kann in weiteren Unterrichtseinheiten verfeinert und weiter ausgebaut werden.

TL hat bei diesem Tanz die Aufgabe, Bewegungsmöglichkeiten aufzuzeigen, Ideen zu fördern, die Gruppe anzuleiten und zu führen. Dabei muss der Grundschritt seitenverkehrt vorgeführt, die Ansagen aber müssen korrekt aus der Perspektive der Tanzgruppe gesprochen werden.

Willi Ederle, Das Grundschultanzbuch © FIDULA

Vorgehensweise

1. Ideenpool schaffen

TL befragt die Kinder:

- 🌀 *Kennt ihr Ballsportarten?* – Tennis, Basketball, Handball, Golf …
- 🌀 *Schwimmarten?* – Kraul-, Brustschwimmen, Delphin …
- 🌀 *Wintersportarten?* – Langlauf, Abfahrt, Slalom, Rodeln …

2. Bewegungspool anlegen

Aufstellung im Kreis, alle mit Blick zur Mitte.

Einzelne Schüler zeigen ihre Bewegungsideen am Platz oder von der Mitte aus, alle ahmen diese nach.

TL gibt bei Problemen Hilfestellung.

3. Grundschritt zu „On Stage" vermitteln

Aufstellung frei im Raum, alle mit Blickrichtung nach vorne zum TL.

TL steht vor der Gruppe mit Blick zu ihr, tanzt seitenverkehrt, spricht Ansagen aus Tanzgruppenperspektive dazu.

Grundschritt üben ohne Musik, 2–3 Durchgänge

ZZ	Ansagen	Bewegungen der Gruppe	Bewegungen des TL
4 4	Seit – ran, Seit – ran, Seit – ran, Seit – und	4 Seitschritte nach rechts	4 Seitschritte nach links, linke Hand zeigt nach links
4 4	Seit – ran, Seit – ran, Seit – ran, Seit – und	4 Seitschritte nach links	4 Seitschritte nach rechts, rechte Hand zeigt nach rechts
6	vor, 2, 3, 4, 5, 6 (vor = ZZ 1)	6 Schritte vorwärts gehen	6 Schritte rückwärts gehen, Gruppe zu sich herwinken
2	dre-hen	mit 2 Schritten ½ Drehung	2 ZZ stehen bleiben, eine Hand zeigt Drehbewegung nach oben (wie beim Einschrauben einer Glühbirne).
6	1, 2, 3, 4, 5, 6	6 Schritte vorwärts auf den Platz gehen	6 Schritte vorwärts gehen
2	dre-hen	mit 2 Schritten ½ Drehung	2 ZZ am Platz stehen bleiben

71

Grundschritt tanzen zur Musik

TL steht vor der Gruppe, mit Blick zur Gruppe, tanzt seitenverkehrt vor, spricht Ansagen aus Tanzgruppenperspektive dazu.

🌑 Beim Vorspiel (2 x 16 ZZ) bleiben alle am Platz stehen und wippen im Takt.

🌑 Rechtzeitig auf den Beginn des Grundschrittes hinweisen!

4. Grundschritt, dazu Bewegungsideen erproben, einbauen

🌑 TL fragt die Kinder, welche Bewegungen zum Grundschritt getanzt werden können.

🌑 Vorschläge ausprobieren, aufgreifen, vorführen, dabei Grundschritt ansagen

🌑 2-4 einfache Bewegungsvorschläge aussuchen und zum Grundschritt verwenden

🌑 2-3 Durchgänge des Grundschrittes mit nun festgelegten Bewegungen üben

5. Grundschritt, mit Bewegungsideen zur Musik

Musik komplett abspielen, 4 Durchgänge Grundschritt mit Bewegungsideen tanzen.
Bei Schluss und Ausklang stehen bleiben.

TL steht vor der Gruppe, mit Blick zur Gruppe, tanzt seitenverkehrt vor, spricht Ansagen aus Tanzgruppenperspektive dazu, weist mit Ansagen hin auf ...

🌑 Vorspiel, Wippen am Platz

🌑 Beginn des Tanzes.

6. Vorspiel: Bewegungen festlegen

TL fragt die Kinder:

🌑 *Welche Musikinstrumente sind zu hören?* Gitarre, Schlagzeug

🌑 *Welches spielt zuerst? Gitarre?*

   Musik des Vorspieles abspielen, um Klarheit zu schaffen.

🌑 *Wie spielt man Gitarre?*

   Vorführen, wie eine Gitarre gehalten wird. TL muss die Gitarre seitenverkehrt halten, rechte Hand hält den Hals, linke Hand schlägt die Saiten an.

🌑 *Wie spielt man Schlagzeug?*

   Bewegungsvorschläge aus der Gruppe aufnehmen und vorführen.

V1 Gitarre spielen
V2 Schlagzeug spielen

Vorspiel abspielen und die Dauer von 2 x 16 ZZ bewusst machen, mitzählen.

Willi Ederle, Das Grundschultanzbuch © FIDULA

7. Ausklang und Schluss: Bewegungen festlegen

Am Ende des Stückes, nach 4 Durchgängen des Grundschrittes mit Bewegungsideen, folgen der Ausklang mit 16 ZZ und der Schluss mit 8 ZZ jeweils mit freien drehenden Bewegungen: g. U. beim Ausklang, i. U. beim Schluss. Der Tanz endet mit einer erstarrten Schlussfigur.

Was könnte man hier noch für Bewegungen einbauen?
Wiederum Bewegungsvorschläge aufnehmen, ausprobieren, festlegen.

8. „On Stage" zur Musik

TL steht vor der Gruppe, tanzt die festgelegten Bewegungen seitenverkehrt vor, spricht Ansagen dazu.

9. „On Stage" zur Musik, ohne Hilfestellung des TL

TL steht vor der Gruppe, gibt nur noch angedeutete Hinweise zum Tanz, spricht keine Ansagen.

10. Weitere Ausbaumöglichkeiten

- ⟲ kleine Gruppen mit 6-8 Kindern, die eigene Ideen zum Grundschritt erfinden und einstudieren
- ⟲ Tanzform in einer anderen Aufstellung erproben, z. B. Reihen zueinander, Kreis, Formation ...
- ⟲ den Tanzablauf mit weiteren Bewegungen, Schritten, Drehungen ausbauen

Segeltörn mit Freunden

Track 11

Alter:	ab 8 Jahren, mit einigen Stunden Tanzerfahrung
Teilnehmer:	4-8 je Gruppe
Zeitaufwand:	2-3 Tanzeinheiten mit je 30-45 Min.
Themenstichworte:	Segelschiff, Segeltörn, Besegelung, Anker
Besonderheit:	bildhaft vermittelte Geschichte zum Tanzen

Lernziel Schüler

☽ Musikstrukturen hören und umsetzen
☽ Gruppenarbeit, gemeinsam drei kreative Elemente zur Geschichte gestalten

Lernziel TL

☽ Scheibchenmethode anwenden
☽ Vermitteln eines Tanzes über bildhaftes Erklären und Vorführen
☽ Gruppe zu einer Tanzform führen
☽ kreativer Umgang mit Ideen und Bewegungselementen

Hinweise zum Liedtext

(„Girlfriend" von Avril Lavigne)

„Verlass deine Freundin und geh gefälligst mit mir!", so könnte man den Inhalt dieses Liedes mit ein paar Worten umschreiben. Die Sängerin erscheint dabei überheblich, voreingenommen und sehr von sich überzeugt. Die Frechheit zwischen den Zeilen kann jedoch auch auf Ironie hinweisen – denn wir wissen nicht, was der angebetete Junge tatsächlich denkt und tut. Für Kinder genügt es wohl zu wissen, dass die Sängerin sich in einen Jungen verliebt hat und ihn am liebsten für sich ganz allein haben möchte.

Musik- und Tanzablauf

1. Abreise mit Segelschiff (0'12 bis 1'11 Min.)
2. Inselbesuch (1'11 bis 2'10 Min.)
3. Heimreise (2'10 bis 2'33 Min.)

74

			Abreise				Inselbesuch							Heimreise		Ende
Zeit	0'00	0'12	0'24	0'36	0'48	0'59	1'11		1'23		1'35	1'46	1'58	2'10	2'21	2'33
Zählzeiten		16	16	16	16	16	8	8	8	8	16	16	16	16	16	
Musikteil	V	A	A	B	B	C	A		A		B	B	C	A	A	
Tanzteil	V	A	A	B	B	C	A	D	D	A	B	B	C	A	A	

Getanzte Geschichte „Segeltörn mit Freunden"

Eine Gruppe junger Leute macht sich auf zu einem Segeltörn, einer Segelfahrt. Sie gehen gemeinsam über einen schmalen Steg auf ihr Segelschiff. Dort angekommen, bemerken sie, dass sie ihr Gepäck vergessen haben. Deshalb machen sie eine Kehrtwendung, gehen vom Schiff und holen das Vergessene. Sie gehen nochmals hintereinander über den schmalen Steg auf ihr Schiff. Dort legen sie das Gepäck ab. Damit sie mit ihrem Segelschiff auf große Fahrt gehen können, begeben sie sich zum Segel 1. Sie falten dieses Segel auseinander und ziehen es am langen Seil gemeinsam hoch. Danach wenden sie sich zum Segel 2, entfalten dieses und ziehen es ebenso gemeinsam am langen Seil hoch. Nun segelt das Schiff aufs Meer hinaus. Nach so viel Arbeit haben sich alle etwas Freizeit verdient. Sie legen sich in die Sonne, schauen im Wasser nach den Fischen, sehen Quallen und Treibgut, beobachten die Möwen, spielen Karten, schreiben einen Brief oder lassen die Seele baumeln.

Aber bald schon kommen sie an eine Insel.

Sie verlassen wiederum über einen schmalen Steg ihr Segelschiff und begeben sich auf die Insel.

Dort gibt es viele interessante Dinge zu sehen und zu besichtigen. – Oder sie sitzen gemeinsam in einem schönen Straßencafé und essen gemütlich ein Eis. – Oder vielleicht befinden sie sich gar auf einer Insel mit einem verborgenen Schatz, der gehoben werden soll.

Schon bald müssen sie wieder zurück über den schmalen Steg auf ihr Segelschiff.

Sie falten wieder Segel 1 auseinander, ziehen es hoch, anschließend Segel 2. Danach haben sie nochmals Freizeit. Schließlich erreichen sie den heimatlichen Hafen. Sie gehen über den schmalen Steg von Bord. Plötzlich fällt ihnen ein, dass sie wieder ihr Gepäck auf dem Schiff liegen gelassen haben, kehren um und gehen nochmals aufs Schiff, um es zu holen. Nun aber verlassen sie endgültig ihr Segelschiff und gehen mit ihren Sachen von Bord. Zum Schluss stellen sie sich im Hafen für ein gemeinsames verrücktes Erinnerungsbild auf.

Aufstellung: 4-8 Kinder in einer Reihe hintereinander

Hier finden Sie zusätzlich die Zeitangaben, damit Sie die entsprechenden Stellen schnell für einen Einstieg finden können.

Zeit	Tanz-teil	ZZ	Geschichte in Stichworten	Bewegungen der Gruppe
			Abreise	
0'00			Geräusche	
0'12	A	7	Gruppe geht auf das Segelschiff	7 langsame Schritte hintereinander vorwärts gehen
		1	„Oh, etwas vergessen", zurück	1 Hoppsprung, schnelle ½ Drehung
		7	Gruppe geht vom Segelschiff	7 Schritte hintereinander vorwärts gehen
		1	vergessenes Gepäck holen	1 Hoppsprung, schnelle ½ Drehung, blitzschnell Gepäck ergreifen
0'24	A	8	Gruppe geht erneut auf das Segelschiff	8 Schritte hintereinander vorwärts gehen
		4	bringt ihr Gepäck in Sicherheit	4 Schritte, am Ende Gepäck ablegen
		4	begibt sich zum Segel 1	4 Schritte, Aufstellung nebeneinander, Blick über die linke Seite des Schiffes (s. u.)
0'36	B	8	faltet Segel 1 auseinander	4 x Segel 1 gemeinsam auseinanderfalten
		8	zieht das Segel 1 am Seil hoch	4 x am langen Seil gemeinsam das Segel hochziehen
			Gruppe begibt sich zum Segel 2	½ Drehung, schnelle Wendung zur rechten Seite des Schiffes
0'48	B	8	faltet Segel 2 auseinander	4 x Segel 2 gemeinsam auseinanderfalten
		8	zieht das Segel 2 am Seil hoch	4 x am langen Seil gemeinsam das Segel hochziehen
0'59	C	16	Freizeit	jeder kann machen, was er möchte

Willi Ederle, Das Grundschultanzbuch © FIDULA

Zeit	Tanz-teil	ZZ	Geschichte in Stichworten	Bewegungen der Gruppe
			Inselbesuch	
1'11	A	8	Landgang, alle gehen vom Schiff	mit 8 langsamen Gehschritten hintereinander vom Schiff gehen
	D	8	Besichtigung von Sehenswürdigkeiten	16 ZZ gemeinsam etwas tun
1'23	D	8	Besichtigung (Fortsetzung)	
	A	8	zurück aufs Schiff	mit 8 langsamen Gehschritten hintereinander aufs Schiff gehen
1'35	B	16	Segel 1 falten und aufziehen	s. o.
1'46	B	16	Segel 2 falten und aufziehen	s. o.
1'58	C	16	Freizeit	s. o.
			Heimreise	
2'10	A	7	Gruppe geht von Bord	7 langsame Schritte hintereinander gehen
		1	„Oh, etwas vergessen", zurück	1 Hoppsprung, schnelle ½ Drehung
		7	Gruppe geht aufs Schiff zurück	7 Schritte vorwärts hintereinander nochmals auf das Schiff gehen
		1	vergessenes Gepäck holen	1 Hoppsprung, schnelle ½ Drehung, blitzschnell Gepäck ergreifen
2'21	A	8	Gruppe geht von Bord	mit 8 langsamen Schritten hintereinander das Schiff verlassen
		8	Gruppe stellt sich für ein Erinnerungsfoto auf	Gruppe bildet eine Abschlussfigur (8 ZZ)
2'33			**Ende**	

Hoppsprung = Sprung in die Luft, beide Beine sind in der Luft, berühren gleichzeitig wieder den Boden.

Willi Ederle, Das Grundschultanzbuch © FIDULA

→ Achtung:

TL und die Kinder sollten einige Stunden Tanzerfahrung besitzen, bevor sie sich an diesen Tanz wagen.

Zum Tanz

„Segeltörn mit Freunden" ist eine getanzte Geschichte zu einem Popsong. Bei einem Ausflug, einer Reise mit einem Segelschiff gibt es vorher vieles zu beachten. Auf dem Segelschiff sind allerhand Arbeiten zu erledigen. Aber auch Freizeit und eine Inselbesichtigung stehen auf dem Plan, bis es schließlich wieder zurück zum heimatlichen Hafen geht. „Segeltörn mit Freunden" hat dabei drei Kreativelemente (Freizeit an Bord, Schatzsuche auf der Insel, Erinnerungsfoto), die von den Kindern in Gruppenarbeit selber zu erfinden und in die Geschichte zu integrieren sind.

Die Aufgabe des TL ist es, diese Geschichte lebendig und fesselnd zu erzählen und aktiv darzustellen. Anschließend darf er mit den Kindern die Abschnitte des Tanzes durchleben. Danach kann Teil für Teil der Geschichte mit Musik ertanzt werden.

Vorgehensweise

Für die Vermittlung dieser getanzten Geschichte gibt es zahlreiche Wege. Ich beschreibe Ihnen hier im Rahmen dieses Einsteigerbuches den einfachsten Weg über:

Geschichte erzählen, scheibchenweise vorführen – nachahmen, Kreativelemente erfinden und integrieren.

Der Tanz kann in seiner Rohform in 30-45 Minuten vermittelt und mit Musik ertanzt werden. Dazu dürfen Sie aber nicht auf Ungereimtheiten in der Geschichte eingehen (siehe S. 83). Die Details können Sie in weiteren Tanzeinheiten klären und je nach Phantasie und Zeitrahmen bearbeiten.

Natürlich ist es auch möglich, die Geschichte in zwei Unterrichtseinheiten von je 20-30 Minuten zu erarbeiten.

1. Gruppen mit 4-8 Teilnehmern bilden

Hintereinander in einer Reihe so aufstellen, dass nach vorne 5-6 Meter Freiraum für das gedachte Segelschiff bleiben (das Schiff wird von hinten bestiegen), dann setzen und zuhören.

2. Geschichte erzählen

TL zeigt vor der Gruppe die ganze Geschichte so, wie sie anschließend von den Kindern nachgetanzt werden soll. Dabei darf alles möglichst lebendig, ja, übertrieben dargestellt werden.

78

3. Alle durchleben die Geschichte „Segeltörn mit Freunden",
Vorführen und Üben der getanzten Geschichte in 3 Abschnitten:
Abreise, Inselbesuch, Heimreise

TL steht vor der Gruppe mit Blick zur selbigen, führt seitenverkehrt vor und gibt Ansagen aus Tanz-gruppen-perspektive, die Gruppe tanzt nach.

Abreise (ohne Musik üben)
Die Geschichte wird nun abschnittsweise dargestellt und erlernt. Der Tanz braucht noch nicht perfekt sein, nur die Struktur, die Bewegungen und Schritte werden gemeinsam erlebt.

1. Gruppe geht auf das Segelschiff
Das Segelschiff wird von hinten über einen schmalen Steg betreten. Alle müssen genau hintereinander über diesen Steg auf das Segelschiff gehen, denn sonst fallen sie ins Wasser. Langsame, lässige Schritte gehen, die Arme schwingen dabei mit.
Ansage: *Aufs Schiff, 2, 3, 4, 5, 6, 7.*

2. „Oh, etwas vergessen", zurück
TL zeigt den Hoppsprung mit schneller ½ Drehung (1 ZZ) langsam „in Zeitlupe", alle üben diesen Sprung.
Ansage: *Hopp und …*

3. Gruppe geht vom Segelschiff
Abstände zueinander einhalten
Ansage: *1, 2, 3, 4, 5, 6, 7.*

4. vergessenes Gepäck holen
Das Gepäck wird während der ½ Drehung ohne Zeitverzug aufgegriffen.
Ansage: *Hopp, Gepäck und …* (1 ZZ)

5. Gruppe geht erneut auf das Segelschiff
Ansage: *1, 2, 3, 4, 5, 6, 7, 8.*

6. bringt ihr Gepäck in Sicherheit
Gruppe geht noch 4 Schritte, am Ende wird das Gepäck in der Mitte des Schiffes abgelegt (4 ZZ).
Ansage: *Gepäck ablegen.*

7. begibt sich zum Segel 1

Die beiden Segel unseres Schiffes liegen waagerecht der Länge nach in der Mitte des Rumpfes. Alle stellen sich nebeneinander so auf, dass sie über die linke Seite des Schiffes blicken. TL stellt sich nun schräg links vor die Gruppe, damit ihn alle sehen können. **1**

Ansage: *Aufstellen zum Segel-Auseinanderfalten* (4 ZZ).

8. faltet Segel 1 auseinander

TL macht das Auffalten zur linken Seite vor. Das Segel 1 liegt unmittelbar vor der Schiffscrew in Bauchhöhe. Sie falten es mit beiden Händen vom Körper weg nach außen 4 x auseinander (4 ZZ). **2**

Ansage: *Fal-ten, fal-ten, fal-ten, fal-ten.*

9. zieht das Segel 1 am Seil hoch

Alle drehen sich mit einer ¼ Drehung nach rechts, blicken nun zum Bug des Schiffes, beugen sich nach vorne, fassen ein dickes Seil und ziehen mit 4 kräftigen Armbewegungen das Segel am Seil hoch. **3**

Ansage: *Zie-hen, zie-hen, zie-hen, zie-hen.*

Während des vierten Seilziehens (auf die Ansage *-hen*) Drehung auf einem Bein zur rechten Seites des Schiffes.

10. faltet Segel 2 auseinander

Alle falten das Segel 2 zur rechten Seite des Schiffes hin 4 x auf.

Ansage: *Fal-ten, fal-ten, fal-ten, fal-ten.*

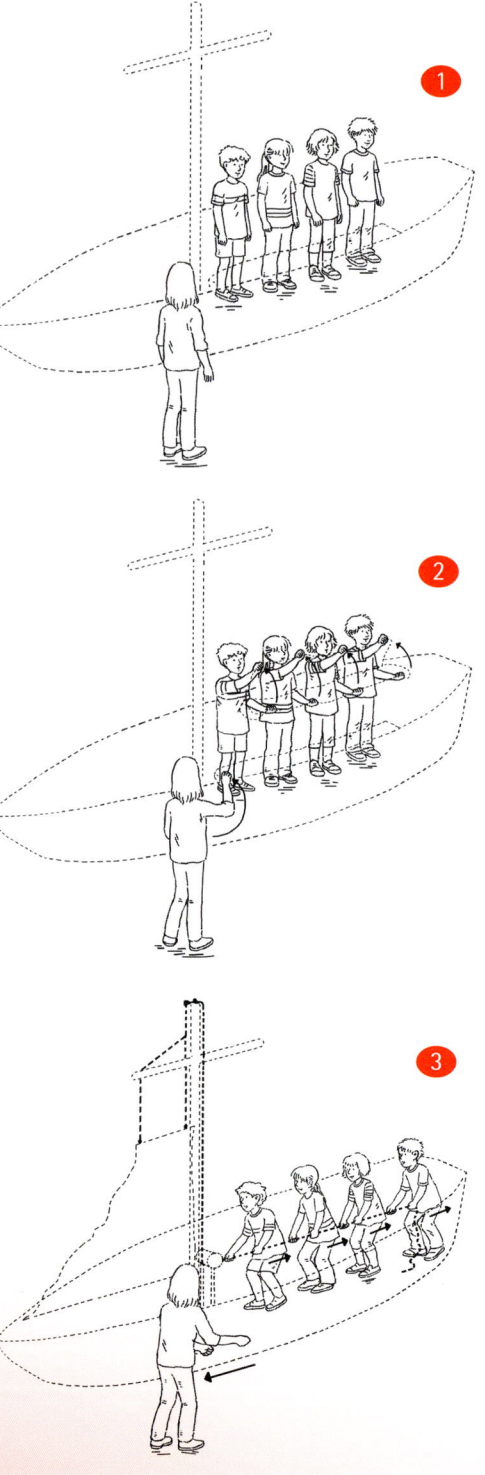

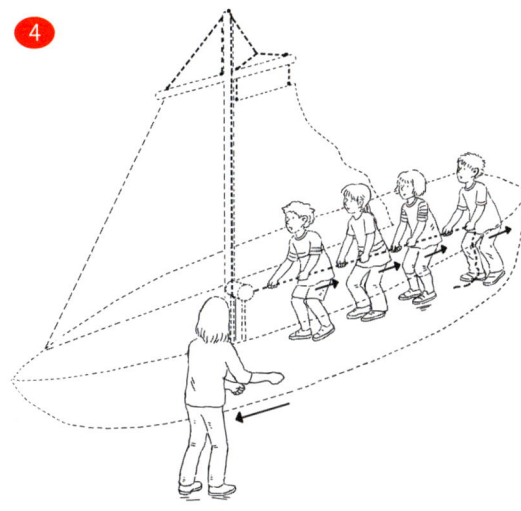

11. zieht das Segel 2 am Seil hoch

¼ Drehung und Blick zum Bug. Segel in gleicher Weise wie vorher gemeinsam am langen Seil hochziehen. **4**

Ansage: *Zie-hen, zie-hen, zie-hen, zie-hen.*

12. Freizeit

Den Abschnitt Freizeit (16 ZZ) sollten Sie zu diesem Zeitpunkt noch nicht genau festlegen. Jeder Teilnehmer darf tun, was er möchte. In einer späteren Tanzstunde können Sie diesen Abschnitt nochmals aufgreifen und eine gemeinsame Gruppenaktivität festlegen.

Ansage: *Nach so viel Arbeit haben sich alle eine Pause verdient. Jeder darf kurz tun, was er möchte: sich in die Sonne legen, aufs Meer blicken, nach den Fischen schauen, Quallen oder Treibgut beobachten, nach den Möwen sehen, einen Brief schreiben oder einfach nur die Seele baumeln lassen.*

4. Musik anhören, Strukturen erkennen

Alle setzen sich. Nun wird der Abschnitt „Abreise" (bis 1'11 Min.), abgespielt und angehört.

Was ist zu hören?

Vorspiel: (0'00 – 0'12 Min.)

Geräusche, Hupe, Stimme, die eine Durchsage macht, Klatschen

Musikteil A: (0'12 – 0'36 Min.)

Sängerinnen, Klatschen, Schlagzeug, E-Gitarre

Musikteil B: (0'36 – 0'59 Min.)

Sängerin, E-Gitarre, dann Schlagzeug

Musikteil C: (0'59 – 1'11 Min.)

Sängerin, Musik klingt ruhiger

5. Sich den Tanz vorstellen

Alle sitzen und durchleben die Geschichte in der Vorstellung.

Musik zum Abschnitt „Abreise" (bis 1'11 Min.) abspielen.

TL steht vor der Gruppe, deutet die Geschichte spiegelbildlich mit einer Hand an und spricht dabei die Ansagen zum Abschnitt „Abreise", Punkt 1-12, dazu.

6. Alle tanzen und durchleben die Geschichte

Die Gruppe stellt sich hintereinander als Reihe vor dem Boot auf.

TL steht leicht links, seitlich versetzt vor der Gruppe, damit sein Vortanzen beobachtet werden kann, und spricht die Ansagen mit (Musik bis 1'11 Min.).

Musik beenden, eventuell ein zweites Mal abspielen und durchleben.

Falls Sie Ihren Zeitrahmen bereits überschritten haben, können Sie den Inselbesuch und die Rückreise in weiteren Tanzeinheiten später erarbeiten.

7. Inselbesuch

Diesen Abschnitt erst ohne Musik durchleben.

13. Landgang, alle gehen vom Schiff

TL weist nun die Gruppe an, sich zum Inselbesuch bereit zu machen. Alle stellen sich so auf, dass sie das Schiff nach hinten, wiederum über einen schmalen Steg mit 8 Schritten verlassen können, um die Insel zu besichtigen.

14. Besichtigung von Sehenswürdigkeiten

Jede Gruppe muss nun ...

- eine gemeinsame Idee finden, was auf der Insel gemacht wird (1 Minute Zeit)
- ihre Idee bewegungsmäßig umsetzen (2-3 Minuten Zeit)
- ihre Handlung nach außen sichtbar klar darstellen (2-3 Minuten Zeit).

Danach wird im Zeitmaß von 16 ZZ die Handlung dargestellt.

TL führt und unterstützt die Gruppen, um sie in kurzer Zeit zu einem sichtbaren, klaren Ergebnis zu bringen. Anschließend stellt sich jede Gruppe wieder hintereinander auf, denn der Inselbesuch war nur kurz.

15. zurück aufs Schiff

Alle gehen wieder mit 8 langsamen Schritten auf das Schiff und gleich direkt zum Segel.

16. Segel 1 falten und aufziehen, 16 ZZ wie vorher (s. o.)

17. Segel 2 falten und aufziehen, 16 ZZ wie vorher (s. o.)

18. Freizeit, 16 ZZ wie vorher (s. o.)

8. Heimreise

Dieser Teil wird sofort im Anschluss an den Inselbesuch ohne Musik durchlebt und geübt. Der Ablauf ist ähnlich wie beim Besteigen des Segelschiffes am Anfang der Geschichte, nur in umgekehrter Reihenfolge.

19. Gruppe geht von Bord

Mit 7 langsamen Schritten hintereinander über den schmalen Steg von Bord gehen.

20. „Oh, etwas vergessen", zurück

1 Hoppsprung, schnelle ½ Drehung

21. Gruppe geht auf das Schiff zurück

mit 7 langsamen Schritten hintereinander nochmals auf das Segelschiff gehen

22. vergessenes Gepäck holen

1 Hoppsprung, schnelle ½ Drehung, blitzschnell Gepäck ergreifen

23. Gruppe geht von Bord

mit 8 Schritten vorwärts hintereinander das Schiff verlassen

24. Gruppe stellt sich für ein Erinnerungsfoto auf

Während 8 ZZ zu einer abschließenden Schlussfigur aufstellen.

TL gibt Hilfestellung, falls Ideen fehlen oder keine Einigung gefunden wird.

9. Getanzte Geschichte mit Musik

TL tanzt vor der Gruppe mit und kündigt die Abschnitte der Geschichte an.

Weitere Ausbaumöglichkeiten:

- Abschnitte der Geschichte noch deutlicher darstellen
- Abschnitt „Freizeit" klar sichtbar festlegen
- sich noch genauer zur Musik bewegen
- ohne Hilfestellung des TL tanzen

Im Laufe der Zeit tauchen vielleicht Fragen oder Ungereimtheiten auf wie z. B.:

- *Wird ein Schiff wirklich von hinten bestiegen?*
- *Wie sieht mein Segelschiff aus, wie viele Masten hat es?*
- *Sind die Segel dort genau so angeordnet?*
- *Wie werden die Segel beim jeweiligen Schiffstyp wirklich gesetzt?*
- *Hat das Schiff einen Anker?*
- *Wie könnte gleichzeitig Segel gesetzt und Anker gelichtet werden?*

usw.

Klären Sie diese Ungereimtheiten, wie es Ihnen und Ihrer Gruppe beliebt.

Partybus

Track 12

Alter:	ab 8 Jahren
Teilnehmer:	beliebig viele
Zeitaufwand:	5 Übungseinheiten
	mit je 10-15 Minuten
Themenstichworte:	Party, Rhythmik, Rhythmusspiel
Besonderheiten:	Rhythmusspiel mit Musik

Hinweise zum Liedtext

("Partybus" von Culcha Candela)

Das Bild, das dieses Lied vor dem geistigen Auge hervorruft, ist das einer Gruppe von jungen Männern und Frauen, die ganz cool in einem Bus durch die Gegend fahren und dabei in ausgelassener Partystimmung sind – das Ganze zu globaler Gültigkeit erhoben durch die Verwendung von drei Sprachen: Deutsch, Englisch und Spanisch. Aufzählungen lauter Dinge, die Spaß machen, vertiefen das Bild: lachen, an den Strand gehen, essen, Musik hören und dazu tanzen.

Lernziel Schüler

- ☾ Rhythmen hören, erfassen, klatschen, stampfen, gestalten
- ☾ klatschen bei gleichzeitigem Gehen und Sprechen

Lernziel TL

- ☾ Vermitteln des Tanzes, Leiten und Führen einer Rhythmikgruppe
- ☾ Vereinfachungs-, Verlangsamungs- und Scheibchenmethode anwenden

Musik- und Tanzablauf

Schnell gezählt: Vorspiel 16 ZZ, 8 x 32 ZZ, 1 x 16 ZZ, 5 x 32 ZZ

Der Klatschrhythmus beim „Partybus" ist relativ schnell,
die Bewegungen und Schritte sind im halben Tempo, also eher langsam.
32 ZZ = 16 Schritte oder
32 ZZ = 8 x klatschen (Rhythmus s. u.)

84

„**Partybus**" ist ein Rhythmusspiel mit zahlreichen Einsatzmöglichkeiten: klatschen, sprechen, gehen, Bewegungen finden, Tanz gestalten, Raummöglichkeiten erkunden und vieles mehr.

Die Kinder lernen hier, ein vereinfachtes Bewegungsmuster nach und nach auszubauen, einen Rhythmus zu erfassen und ohne Unterbrechung in der Gruppe durchzuhalten.

TL ist gefordert, rhythmische Grundkenntnisse, Phantasie und Bewegungsfreude zu vermitteln, die Gruppe zu führen, Ideen zu fördern, diese zu kanalisieren und in Form zu bringen.

Achtung:
Die Umsetzung sollte in vielen kleinen Unterrichtseinheiten stattfinden. Lieber öfter wiederholen und jede Woche eine Kleinigkeit hinzufügen. Überfordern Sie niemanden.

Vorgehensweise

1. Übungseinheit:
Fünf Möglichkeiten für rhythmisches Klatschen und Bewegen, dabei wird jeder Durchgang schwieriger.

Aufstellung im Kreis, stehend am Platz, Blick zur Mitte,
Klatschen im Zeitlupentempo üben.

ZZ	1	2	und	3	4
klatschen		x	x		x
stampfen		x			x
wiegen		R			L

Klatschrhythmus

X = klatschen bzw. stampfen

Ohne Musik – 5 rhythmische Übungen

1. TL zählt *1, 2 und 3, 4* und klatscht obigen Rhythmus dazu.
2. Alle klatschen mit.
3. Alle klatschen und zählen laut mit.
4. mit einem Fuß auf ZZ 2 und 4 dazu stampfen
5. dazu wiegen mit Gewichtsverlagerung bei ZZ 2 und ZZ 4

Mit Musik, Vorspiel 16 ZZ abwarten, Tempo erfassen

TL klatscht, stampft mit und zählt: *1, 2 und 3, 4*

- Sie sollten nun, wie oben beschrieben, eine rhythmische Übung nach der anderen erarbeiten.
- Falls die Kinder dabei Probleme haben, sollten Sie die Musik abbrechen und noch einmal langsam ohne Musik üben.
- Bedenken Sie: Die Kinder machen jetzt bereits vier Dinge gleichzeitig: hören, klatschen, sprechen und wiegen.

2. Übungseinheit

Wiederholen der 1. Übungseinheit

Bisher fanden alle rhythmischen Übungen am Platz statt. Nun geht jeder Teilnehmer dazu frei im Raum mit kleinen Schritten (ab jetzt ohne lautes Zählen und Wiegen). Es können auch leichte Stampfschritte ausgeführt werden. Aber Achtung, auf harten Böden besteht Verletzungsgefahr durch das lang anhaltende Stampfen!

Ohne und mit Musik

kleine Gehschritte auf ZZ 2 und 4 frei durch den Raum

ZZ	1	2	und	3	4
klatschen		x	x		x
gehen		R			L

Klatschrhythmus

3. Übungseinheit

Wiederholen der vorigen Übungseinheiten

„Neuer Schritt, neues Klatschen" ohne Musik

gemeinsam üben

ZZ	1	2	und	3	4
klatschen	x			x	
gehen	R			L	

Klatschrhythmus

Dann 2 Gruppen bilden, die im Raum weit entfernt voneinander aufgestellt werden.
Gruppe A zählt 1, 2 und 3, 4, klatscht auf 1 und 3 und geht Schritte auf ZZ 1 und 3.
Gruppe B zählt 1, 2 und 3, 4, klatscht auf 2 und 4 und geht Schritte auf ZZ 2 und 4.
Beide Gruppen gehen durch den Raum, sprechen und klatschen dazu,
versuchen den Rhythmus „ihrer Gruppe" durchzuhalten.

„Neuer Schritt, neues Klatschen" mit Musik

- TL hilft, gibt jeder Gruppe ihren Rhythmus vor.
- Beide Gruppen gehen langsam durch den Raum.
- TL beendet die Musik bei Schwierigkeiten oder dann,
  wenn das Tempo des Klatschens und Gehens nicht mehr passt.

4. Übungseinheit

Wiederholen der vorigen Übungseinheiten mit und ohne Musik

Rhythmus eigenständig halten (mit oder ohne Musik)

1. Beide Gruppen gehen mit leichten Stampfschritten durch den Raum, sprechen und klatschen dazu.
2. Beide Gruppen lösen sich auf. Jedes Kind geht sprechend und klatschend mit dem Rhythmus seiner Gruppe
   frei durch den Raum und auf Anweisung des TL wieder in seine Gruppe zurück, die dann gemeinsam durch den
   Tanzraum zieht.

5. Übungseinheit

Wiederholen der vorigen Übungseinheiten mit und ohne Musik

„Rap-Spruch"

Das Folgende funktioniert auch gut ohne Musik. Hören und entscheiden Sie selber, ob Sie hier mit oder ohne CD arbeiten möchten.

Alle zählen und sprechen am Platz stehend:

1, 2, 3, 4, der Party-bus geht um_____.

Drei Gruppen bilden und im Raum verteilen.

TL gibt die Einsätze für jede Gruppe:

Gruppe A zählt, klatscht, geht auf ZZ 1 und 3.

Gruppe B zählt, klatscht, geht auf ZZ 2 und 4.

Gruppe C geht zügig auf ZZ 1, 2, 3, 4 und spricht ihren Rap: *1, 2, 3, 4, der Partybus geht um.*

Weitere Steigerungsmöglichkeiten werden Ihnen oder den Kindern sicherlich selber einfallen.

Willi Ederle, Das Grundschultanzbuch © FIDULA

Carolan's Welcome

(Wachsen und Vergehen)

Track 13

Alter:	ab 4 Jahren
Teilnehmer:	beliebig viele, ohne Partner
Zeitaufwand:	15-25 Minuten
Besonderheit:	Rollenspieltanz mit Tüchern
Themenstichworte:	Jahreszeiten, Pflanzen, Samen

Lernziel Schüler

- freies Bewegen zur Tanzgeschichte
- Musik hören, erfassen, umsetzen

Lernziel TL

- Scheibchenmethode anwenden
- die Kinder zu eigenen kreativen Bewegungen führen
- eine musikalische Tanzgeschichte vermitteln

Musik- und Tanzablauf

kein Vorspiel, 3/4-Takt,
9 Durchgänge mit je 16 langsamen
oder 48 schnellen ZZ

Tanzbeschreibung

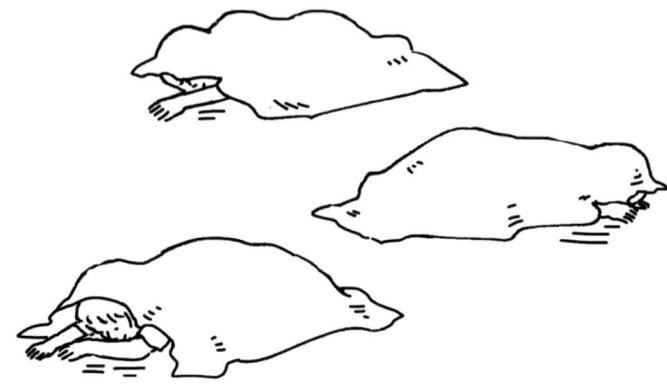

Kinder liegen frei im Raum verteilt,
zugedeckt mit einem Tuch.

Bei „Carolan's Welcome" sind zusätzlich die Zeitangaben
des CD-Laufwerkes mit angegeben, denn wenn Sie mittanzen und Ansagen sprechen, fällt es Ihnen leichter, zwischendurch
einen Blick auf das Zählwerk zu werfen als jeden Schritt mitzuzählen.

Durchgang	Zeit	Ansage / Geschichte
1	0'00	*Schnee liegt über der Landschaft.*
2	0'26	*Allmählich beginnt die Sonne kräftiger zu scheinen, es wird warm, langsam schmilzt der Schnee.*
3	0'51	*Es erwachen die Pflanzen, und sie beginnen langsam zu wachsen.*
4	1'16	*Knospen bilden sich, brechen auf, erblühen.*
5	1'40	*Insekten besuchen die Blüten, bestäuben sie.*
6	2'04	*Langsam verwandeln sich die Blüten in Fallschirmchen.*
7	2'28	*Die Sonne trocknet die feuchten Fallschirmchen, es kommt Wind auf.*
8	2'52	*Der Wind trägt die Fallschirmchen davon.*
9	3'16	*Die Fallschirmchen sinken zu Boden, Regen wäscht sie in die Erde, Schnee legt sich darüber.*
Ende	3'43	

Zum Tanz

„Carolan's Welcome" ist eine getanzte Geschichte mit Tüchern, geeignet schon für die Kleinsten, aber genauso reizvoll auch für phantasievolle Jugendliche. Im Tanz wird die Entwicklung eines Löwenzahnsamens im Jahresablauf dargestellt. Die Geschichte beschreibt den Jahreslauf in der Natur, das Wachsen, Gedeihen und die Entwicklung des Samens zur Pflanze und seine Verbreitung. Es geht um Sonne, Wind und Regen und endet mit der Winterruhe des Löwenzahnsamens unter der Schneedecke.

Kennzeichnend für die Tanzgestaltung sind die stetigen Veränderungen, die in der Geschichte angesprochen werden und oft überraschend auf die Kinder wirken.

90

Zubehör:

Chiffontücher, entweder weiß (= Schnee oder Löwenzahn-Fallschirmchen) oder gelb (= Löwenzahnblüten)

1. Blüten aus Tüchern formen

TL präsentiert eine Überraschung, die Augen der Kinder sind geschlossen.

- Die Kinder sitzen im Kreis auf dem Boden und halten eine Hand hinter den Rücken.
- TL gibt jedem als Überraschung ein Tuch in diese Hand.
- Die Kinder fühlen und betasten die Überraschung, überlegen, was es wohl sein könnte.
- Sie drücken das weiche Etwas in eine Hand hinein, ganz klein und halten es ganz fest.
- Dann nehmen sie die Hand nach vorne und verstecken das Etwas in beiden Händen.
- Sie öffnen plötzlich beide Hände, und heraus quillt ein Tuch, welches in den geöffneten Händen in der Form einer Blüte liegt.

Die Kinder dürfen mehrmals ihre Blütenknospe aufbrechen lassen.

2. Geschichte spielen ohne Musik

TL erklärt den Kindern, dass sie eine Geschichte nachspielen, bei der es um den Löwenzahnsamen geht, der im Winter vom Schnee bedeckt schläft.

Er erzählt die Geschichte abschnittsweise. Die Kinder stellen spontan alle 9 Entwicklungsabschnitte des Löwenzahnsamens tänzerisch-spielerisch dar, benützen dabei die Tücher zur Tanzgestaltung (jeden Abschnitt maximal 60 Sekunden lang üben, im Originalablauf dauert jeder Tanzabschnitt ca. 24 Sekunden).

3. Getanzte Geschichte zur Musik

Alle liegen bereits am Boden, zugedeckt mit ihrer „Schneedecke".

TL spielt die Musik leise ab und erzählt dazu ebenso leise die Geschichte.

Auf richtiges Timing achten. Behalten Sie das Zählwerk Ihres Abspielgerätes im Auge.

Nach 1'40 Min. spielt zunächst TL Insekt und huscht schnell von Blüte zu Blüte, um diese zu bestäuben.

Später kann diese Aufgabe von einem Kind übernommen werden.

 Achtung:

Vergessen Sie nicht die nächste Ansage!

Segenstanz

Alter:	ab 4 Jahren
Teilnehmer:	beliebig viele
Zeitaufwand:	10-15 Minuten
Themenstichworte:	„Giora Feidman", Klarinette

Lernziel Schüler

- langsame Schritte gehen
- zur Ruhe kommen

Lernziel TL

- Vermittlung mit Scheibchenmethode
- Kinder zu bewusstem Hören erziehen
- einen ruhigen Tanz nur verbal und mit Handzeichen vermitteln

Musik- und Tanzablauf

	8 Durchgänge		Ausklang
Zählzeiten	16	16	4
Musik- und Tanzteil	A	B	Coda (stark langsamer werdend)

1 ZZ = 1 Schritt

Willi Ederle, Das Grundschultanzbuch © FIDULA

Tanzbeschreibung

Aufstellung:	Kreis, Blick in Kreismitte
Fassung:	V-Fassung

Bewegungsablauf: je 16 ruhige, gleichmäßige, normal große Gehschritte

Auftakt:	1 lang angehaltener Ton, dabei ¼ Drehung nach rechts, Blick in Tanzrichtung
A-Teil:	8 langsame Schritte nach rechts auf der Kreisbahn vorwärts gehen, rechtes Bein beginnt, beim 8. Schritt ¼ Drehung nach links zur Kreismitte
B-Teil:	4 langsame Schritte zur Kreismitte gehen r, l, r, l,
	4 langsame Schritte rückwärts aus dem Kreis gehen r, l, r, l
Coda:	Am Ende des Tanzes ¼ Drehung nach rechts, 2 Schritte auf der Kreisbahn gehen, ¼ Drehung zur Mitte, Tanz ausklingen und nachwirken lassen.

Zum Tanz

Der **Segenstanz** entstand aus dem Bedürfnis heraus, einen Tanz zu schaffen, der eine aufgewühlte Gruppe zur Ruhe bringt. Er musste eine einfache Struktur mit leicht nachvollziehbarem Bewegungsablauf besitzen, durfte nicht langweilig, aber auch nicht zu kompliziert sein. Zudem sollte er für alle Altersgruppen geeignet sein. Und besonders wichtig war mir dabei, abschalten und zu sich selbst finden zu können. Getragen wird der Segenstanz von einer schönen und ruhigen Melodie, musikalisch brillant gespielt von Giora Feidman. Genießen Sie die Musik, kommen Sie zur Ruhe! Geben Sie sich und den Kindern am Ende einige Sekunden Zeit, diesen Abschlusstanz wirken zu lassen.

➤ Achtung:

Beenden Sie rechtzeitig vor dem Stundengong oder der Pausenglocke den Tanz, denn die Kinder erschrecken sich sonst heftig, wenn sie durch ein schrilles Geräusch aus der erzeugten Stimmung herausgerissen werden.

TL hat bei diesem Tanz die Aufgabe, bewusstes Hören zu vermitteln, die Schritte nur anzudeuten, den Kindern Zeit zu geben, sich die Schritte vorzustellen, und danach den Tanz nur kurz zu üben.

Dann dürfen Sie selber gemeinsam mit allen Mittanzenden zur Ruhe kommen.

Notfalls sollten Sie leise Ansagen zum Bewegungsablauf sprechen.

Vorgehensweise

1. Musik bewusst hören

1. Durchspiel (A – B) anhören, alle sitzen.

Was ist zu hören?   Klarinette, Gitarre, ab dem 2. Durchspiel auch eine Triangel

2. Tempo erfassen

Wie langsam müsste man dazu gehen?

1. Durchspiel (A – B) anhören,

TL spricht leise dazu: *Schritt, Schritt, Schritt ...*, dann Musik beenden.

3. Sich den Tanz im Geiste vorstellen

Ansage: *Stellt euch nun im Kopf vor, dass ihr alle im großen Kreis aufgestellt seid und in die Mitte schaut. Haltet die Hände der Nachbarn und dreht dann mit einer Vierteldrehung nach rechts, geht langsam 8 Schritte im großen Kreis nach rechts vorwärts, wendet euch zur Mitte, geht gemeinsam langsam 4 Schritte zur Mitte und geht 4 Schritte rückwärts aus dem Kreis.*

1. Durchspiel (A – B) anhören.

TL deutet dazu die Bewegungen mit der Hand und die Schritte mit den Fingern an, spricht leise dazu:

Schritt, Schritt, Schritt ...

4. Sich den Tanz im Geiste vorstellen, die Finger tanzen mit

Musik nochmals abspielen, 1. Durchspiel (A – B).

Alle deuten die Bewegungen mit der Hand und die Schritte mit den Fingern zur Musik an.

TL spricht leise die Ansagen dazu:

Schritt, zwei, drei, vier, fünf, sechs, sieben, zur (Ansage „zur" = Schritt Nr. 8)

Mitte, zwei, drei, vier (Mitte = Schritt Nr. 1, vorwärts zur Mitte),

zurück, zwei, drei, vier (zurück = erster Schritt rückwärts aus der Mitte)

und rechts, zwei, drei, vier... usw. (und rechts = erster Schritt).

5. Alle üben kurz

Alle stehen langsam auf, bilden gemeinsam einen großen Kreis und geben den Nachbarn die Hände.

↻ Abschnittsweise werden alle Bewegungs- und Schrittelemente ertanzt.

↻ Alle Tanzteile beginnen mit dem rechten Fuß.

TL tanzt im gemeinsamen Kreis mit und spricht leise Ansagen dazu.

Falls es Schwierigkeiten damit gibt, sich so langsam zu bewegen, hilft gemeinsames Mitsprechen.

6. Musik und Tanzbeginn erfassen

Musik nochmals kurz abspielen, darauf aufmerksam machen, dass nur ein Ton von der Klarinette gespielt wird, dann beginnen die Schritte.

7. Alle tanzen zur Musik

TL gibt den Einsatz für den Beginn und spricht anfangs leise die Ansagen mit.

Im Laufe des Tanzes wird meist der Kreis kleiner, es fehlt dann beim Gehen zur Mitte an Bewegungsfreiheit. Diesem Problem können Sie ganz einfach entgegenwirken, indem Sie während des Tanzes beim Rückwärtsgehen die Ansage *mit großen Schritten aus dem Kreis* geben.

Farewell Marian

Track 15

Alter:	ab 6 Jahren
Teilnehmer:	beliebig viele
Zeitaufwand:	3 Tanzeinheiten zu je 10-15 Minuten
Themenstichworte:	Abschied, Abschiedstanz, Zupfinstrumente

Lernziel Schüler

- langsame Schritte gehen
- Gleichgewicht halten
- Koordination von Gehen, Drehen, Wiegen

Lernziel TL

- rationell einen ruhigen Tanz vermitteln
- Kinder zur Ruhe bringen
- Scheibchen- und Verdopplungsmethode anwenden

Musik- und Tanzablauf

Vorspiel 4 ZZ,
dann folgen 20 Durchgänge mit je 8 langsamen ZZ

(1 ZZ = 1 Schritt)

96

Tanzbeschreibung

Aufstellung: im großen Kreis

Fassung: V-Fassung

¼ Drehung in Tanzrichtung, dann beginnt der Tanz:

- ☺ 2 Schritte r, l in Tanzrichtung vorwärts gehen
- ☺ mit dem nächsten Schritt ¼ Drehung nach links, Blick zur Kreismitte
- ☺ 2 Schritte wiegen (r, l), dann mit dem nächsten Schritt wieder ¼ Drehung in Tanzrichtung

Zum Tanz

Ein **Abschiedstanz** mit wunderbar entspannender Melodie, beschwingt gezupft. Alle werden berührt sein.

Man denkt vielleicht zunächst, dass es sich hier um einen einfachen Bewegungsablauf handelt. Aber Sie werden feststellen, dass es eine große Herausforderung für die Kinder ist, sich langsam zu bewegen, Bewegungen fließen zu lassen und zur Ruhe zu kommen. Zudem sind viele Kinder überfordert, wenn sich kurze Bewegungsabläufe unmittelbar hintereinander abwechseln. Deshalb vermitteln Sie „Farewell Marian" in der ersten Tanzeinheit mit der 4-fachen Anzahl der Schritte, in der zweiten Tanzeinheit mit der doppelten Anzahl, in der dritten Tanzeinheit dürfen dann alle den Original-Schrittablauf tanzen. So werden sie ganz langsam zu kurzen Bewegungsabläufen hingeführt.

TL hat die Aufgabe die Kinder zu ruhigen Bewegungen hinzuführen und dezente Ansagen zu geben.

Tanzeinheit 1

1. Musik anhören, zur Ruhe kommen

Die Kinder sitzen im großen Kreis. Die Musik wird abgespielt, viel Zeit fürs Zuhören nehmen, ca. bis 1'30 Min. die Musik auf die Kinder wirken lassen (= 8 x 8 ZZ).

2. Zweifache Verdopplungsmethode anwenden (der Grundschritt wird ums Vierfache verlängert)

Aufstellung: im großen Kreis
Fassung: V-Fassung

TL führt den Tanz innerhalb des Tanzkreises vor.
2 x folgenden Bewegungsablauf noch ohne Musik:

- 8 Schritte in Tanzrichtung vorwärts gehen r, l, r, l, r, l, r, l
- mit dem nächsten Schritt ¼ Drehung nach links, Blick zur Kreismitte
- 8 Schritte wiegen r, l, r, l, r, l, r, l,
- dann mit dem nächsten Schritt wieder ¼ Drehung in Tanzrichtung

3. TL führt den Tanz vor, spricht dazu leise die Ansagen:

1, 2, 3, 4, 5, 6, 7, 8, rechts – links, rechts – links, rechts – links, rechts – links, 1, 2 ...

Punkt 2 und 3 könnten auch zusammengefasst werden, da zwei Durchgänge ohne Ansage und ein Durchgang mit Ansage vorgeführt werden.

4. Alle üben

Vermittlung des Bewegungsablaufes in 3 Teile gliedern:

- Schritte gehen, rechtes Bein beginnt
- ¼ Drehung, Blick zur Kreismitte
- Wiegen = Gewichtsverlagerung auf das rechte Bein, Gewichtsverlagerung auf das linke Bein, Beine bleiben dabei in Bodenkontakt.

Willi Ederle, Das Grundschultanzbuch © FIDULA

Dazu ruhige Ansagen geben.

Wenn alle die o. g. Ansage mitsprechen, kann dies den Bewegungsablauf erleichtern.

Üben Sie nur kurz ohne Musik.

5. Alle tanzen zur Musik

TL gibt den Einsatz für den Beginn des Tanzes nach 4 ZZ Vorspiel, spricht leise mit.

Wenn der Tanz klappt, kann er aufhören zu sprechen, wenn nicht, lässt er die Kinder leise mitsprechen.

Tanzeinheit 2 ohne und mit Musik

TL erklärt den Kindern, dass „Farewell Marian" noch nicht ganz fertig getanzt wurde und nun die Anzahl der Schritte verringert wird (einfache Verdopplungsmethode anwenden).

Aufstellung: im großen Kreis
Fassung: V-Fassung

- 4 Schritte in Tanzrichtung vorwärts gehen r, l, r, l,
- mit dem nächsten Schritt ¼ Drehung nach links, Blick zur Kreismitte
- 4 Schritte wiegen r, l, r, l,
- dann mit dem nächsten Schritt wieder ¼ Drehung in Tanzrichtung

Tanzeinheit 3 ohne und mit Musik

TL erklärt den Kindern, dass „Farewell Marian" noch immer nicht ganz fertig getanzt wurde und nun die Anzahl der Schritte nochmals verringert wird.

Tanzbeschreibung wie im Original.

CD Nr.	Seite		Tanzart	Teilnehmer: 2 = zu zweit, 3 = zu dritt, x = beliebig viele, ohne Partner	Alter	kreatives Gestalten möglich	Scheibchenmethode	Vereinfachungsmethode	Verlangsamungsmethode	Verdopplungsmethode
1	15	Stopptanz	Tanzspiel	x	ab 4	X	X		X	
2	19	Kaninchenpolka	Folklore	x	ab 4		X		X	
3	24	Drei seidene Strümpf	Folklore	2	ab 5	X	X		X	
4	28	Räubertanz	Modern	x	ab 4	X				
	31	Der Müller	Folklore	x	ab 4		X		X	
5	36	Krebspolka	Folklore	2	ab 4	X	X		X	
6	43	Siebenschritt	Folklore	2	ab 5	X	X		X	
7	50	Plätscherpolka	Folklore	4	ab 8		X		X	
8	56	Körbletanz	Folklore	3	ab 8		X		X	
9	62	Vampirtanz	Modern	x	ab 5	X	X		X	
10	68	On Stage	Modern	x	ab 8	X	X	X		
11	74	Segeltörn mit Freunden	Modern	4 - 8	ab 8	X	X			
12	84	Partybus	Rhythmikspiel	x	ab 8	X	X	X	X	
13	89	Carolan's Welcome	Folklore	x	ab 4	X	X			
14	92	Segenstanz	Meditativer Tanz	x	ab 4		X			
15	96	Farewell Marian	Meditativer Tanz	x	ab 6		X			X

Willi Ederle, Das Grundschultanzbuch © FIDULA

Themen-Stichwort-Methode	Bilder-Geschichten-Methode	seitenverkehrtes Vorzeigen und Ansagen sprechen	Ansagen gesungen	Ansagen gesprochen	Tanz mit Requisiten	Zeitbedarf (Min.)	Aufstellungen: fiR = frei im Raum, agR = alle gleiche Richtung	Schritte: GS = Gehschritte, SS = Seitschritte, WH = Wechselhupf, WieS = Wiegeschritte	Besonderheiten: kl = klatschen, st = stampfen, spr = sprechen, R = Rollenspieltanz, ST = Singtanz, TS = Tanzspiel, HW = Handwerkertanz
X				X		8-15	fiR	GS	TS
X	X	X		X		10-20	fiR, agR	GS	R
				X		12-20	fiR	GS	kl
X					X	10-20	fiR	GS	R
X			X			10-20	Kreis	GS	kl, st, HW, ST
X	X		X	X		15-25	fiR, agR	SS, Seit-galoppschritt	R
			X	X		10-20	fiR, agR	GS, Wechselschritt	
			X	X		12-20	fiR, Viererkreis	WH, SS	st
				X		15-20	3er-Gruppe, in Tanzrichtung	GS, Kreuztupftritt	
X	X	X		X	X	10-20	fiR, agR	GS	R
X		X		X		25-35	fiR, agR	GS, SS	
X	X	X		X		2 x 30-45	Reihe, hintereinander, agR	GS	R
				X		5 x 10-15	fiR	GS	kl, st, spr
X	X			X	X	15-25	fiR	GS	R
				X		10-15	Kreis	GS	
				X		3 x 10-15	Kreis	GS, WieS	

	Lernziel Schüler
Stopptanz	Regeln für das Tanzen festlegen und beachten, Musik bewusst hören, Tempo und Struktur des Tanzes erfassen, hören und reagieren, aufwärmen zur Musik, federnde Schritte und Hüpfschritte ausprobieren, Pause mit Figur gestalten
Kaninchenpolka	bewusstes Hören und Unterscheiden von zwei Melodieteilen, Bewegungen am Platz – frei im Raum laufen, rechts – links unterscheiden, sich eine festgelegte Bewegungsabfolge einprägen
Drei seidene Strümpf	Gehschritte mit Partner laufen, Klatschmuster hören und umsetzen, Schwindelgefühl und Fliehkraft erleben
Räubertanz	bewusstes Hören und Unterscheiden von drei Melodieteilen, Musik auf drei verschiedene Arten gestalten
Der Müller	Bewegungen darstellen und gleichzeitig sprechen und singen, gemeinsames rhythmisches Klatschen und Stampfen, als großes Windrad drehen, einen Kreis halten lernen
Krebspolka	gemeinsame Seitschritte mit Partner gehen, gemeinsam eingehängt gehen mit Partner im Uhrzeigersinn und gegen den Uhrzeigersinn, Schwindelgefühl ohne Angst erleben, bewusstes Musikhören
Siebenschritt	bis sieben zählen, dabei vorwärts und rückwärts gehen, Drehrichtung „im Uhrzeigersinn" kennen lernen, Außen-, Innenfüße unterscheiden, rücksichtsvollen Umgang mit dem Partner lernen
Plätscherpolka	Seitschritte im gemeinsamen Viererkreis, Wechselhupfschritte, eingehängtes Drehen mit Partner, Zentrifugalkraft und Gruppendynamik erleben, Blasmusikinstrumente hören und erkennen
Körbletanz	mit zwei verschiedenen Partnern innerhalb der Dreiergruppe tanzen, hören und tanzen zu schnell und langsam gespielter Musik, Kreuztupftritte
Vampirtanz	Musik- und Tanzstrukturen hören, erkennen, ertanzen, Kontakt finden, aber niemanden berühren
On Stage	Musikstrukturen hören und erfassen, Rhythmen hören und erfassen, Musikinstrumente hören und unterscheiden, Bewegungen erfinden
Segeltörn mit Freunden	Musikstrukturen hören und umsetzen, Gruppenarbeit, gemeinsam drei kreative Elemente zur Geschichte gestalten
Partybus	Rhythmen hören, erfassen, klatschen, stampfen, gestalten, klatschen bei gleichzeitigem Gehen und Sprechen
Carolan's Welcome	freies Bewegen zu einer Geschichte, Musik hören, erfassen, umsetzen
Segenstanz	langsame Schritte gehen, zur Ruhe kommen
Farewell Marian	langsame Schritte gehen, Gleichgewicht halten, Koordination von Gehen, Drehen, Wiegen

Willi Ederle, Das Grundschultanzbuch © FIDULA

	Fächerübergreifende Themen
Stopptanz	Statuen, Straßenverkehr, Figur, Polizei
Kaninchenpolka	Kaninchen, Polka, Tiere mit langen Ohren, Ernährung
Drei seidene Strümpf	Seide, Strümpfe, historische Kleider, Rhythmus, Symbolik
Räubertanz	Räuber, Straftat, Polizei
Der Müller	Müller, Mühle, Windmühle, Energie, Handwerk, Getreide
Krebspolka	Meer, Meeresbewohner mit Beinen und Scheren, schwimmende Meeresbewohner, Raubfische
Siebenschritt	Sieben, Symbolik, Schritt, Stubenmusik, Musikinstrumente
Plätscherpolka	Symbolik, Wasserrad, Mechanik, Blasinstrumente
Körbletanz	Handwerk, Korbflechten, Dreiertanz, Sprachinsel
Vampirtanz	Vampire, Blut saugende Tiere
On Stage	Sportarten, Gitarre, Schlagzeug
Segeltörn mit Freunden	Segelschiff, Segeltörn, Besegelung, Anker
Partybus	Party, Rhythmik, Rhythmusspiel
Carolan's Welcome	Jahreszeiten, Pflanzen, Samen
Segenstanz	„Giora Feidmann", Klarinette
Farewell Marian	Abschied, Abschiedstanz, Zupfinstrumente

Inhalt der CD

Fidula-CD 7706
Alle Urheber- und Leistungsschutzrechte vorbehalten. Keine unerlaubte Vervielfältigung.
GVL • GEMA

Rechte:
Ⓟ AGIL Verlag (1), Kallmeyer (2), Arbeitsgemeinschaft Schwäbischer Volkstumsgruppen e.V. (3), Verlag Reinhold Frank (5, 7, 8), Tyrolis (6), Verlag Pläne (14), Cadans (15) Ⓒ & Ⓟ Fidula (4, 13), Casablanca Music (9), WEA International (10), RCA Records (11), Homeground Records (12)